三訂版

高等学校
生徒指導要録
記入文例

令和４年度からの新学習指導要領に対応

担任学研究会＝編

＜本書編集上の確認事項＞

　本書の編集にあたっては、下記の①から⑤を共通のルールとして作成した。

①　今回改訂された学習指導要領は校種に関わらず「2018年版学習指導要領」と表記した。
②　「2018年版学習指導要領」や「生徒指導要録」改訂のキーワードや重要ポイントはフォントを変えて表記した。
③　本書の解説等に関連した法令は、巻末の「関係法令・条文」に記載した。
④　2022年4月に「18歳成年」が施行されたのに伴い、従来「保護者」としていた部分を「保護者等」と表記したところがある。
⑤　補注の記号については、下記のマークで分類した。
　　📖　出典、法令
　　↪　他のページ参照
　　🆖　レッドカード
　　❤　配慮事項
　　✚　その他のポイント

はじめに

　ホームルーム担任（以下、本書では「担任」と表記）は、担当するクラスの生徒一人ひとりと深く関わって、その成長を願い、教師としての力を注ぎ込んでいく。生徒とともに喜び悲しみ、時には笑ったり怒ったりして、日々奮闘している。

　どの生徒にも良いところがあり、だれもが愛すべき存在である。と同時にどの生徒にも危なっかしさがあり、弱さともろさをもっている。担任は、こうした青春時代の真っ只中にいる生徒を、時には厳しく教え諭し、またある時はしっかり寄り添って励ます。そうした教育活動のなかで、担任自身も教師として人間として成長し続ける努力を重ねている。このような教師と生徒の情緒的な人間としての触れ合いのなかで、生徒指導が成立し教育が行われていく。このことはどんなに変化が激しく先行きが不透明な時代においても変わらない真理であろう。

　生徒指導要録（以下、本書では「指導要録」と表記）は、生徒の学籍と指導の経過及び結果の要約を記録するものである。そして、その後の指導と外部に対する証明のための原簿となるものであり、事実に基づいた作成と正確さが求められる。しかし、このことだけに注目し、単に事実と正確さのみを求めると、きわめて事務的かつ権威的な資料になってしまう。

　教育は公に責任を負って行われるもので、かけがえのない個性を伸長させ、国家・社会の形成者として必要な資質を育成する責務がある。だからこそ、指導要録の作成にあたっては、全ての生徒がよりよく成長してほしいとの願いを込めて臨むことが重要である。時に、現実には厳しい評価を下さざるを得ない場合もある。しかし、そのようなときでも、「その現実を克服させていくこと」が、その生徒に「人としての力をつけさせること」になるという視点を忘れてはならない。担任には、常に生徒をどのように成長させていくかという視点が求められるのである。このような観点を踏まえて作成される指導要録は、まさしく教育活動の一環なのである。

　さて、高等学校では、**令和4年（2022年）度の入学生徒から新しい学習指導要領**（以下、本書では「2018年版学習指導要領」、高等学校に限定する場

合は「2018 年版高等学校学習指導要領」と表記）に基づく指導要録の作成が始まる。今回の高等学校学習指導要領の改訂では、各教科等で「何を学ぶか」「どのように学ぶか」「何ができるようになるか」を明確化するとともに、高大接続改革の一環として、大学入試改革と一体的改革として実施された。指導要録の様式改訂の前に、大学入試に用いられる調査書の改訂が行われたのはそのためでもあった。大学入試改革に関しては、平成 29 年（2017 年）7 月に発出された「『平成 33 年度大学入学者選抜実施要項の見直しに係る予告』について（通知）」において、調査書のみならず、推薦書や志願者本人が記載する「活動報告書」「大学入学希望理由書」等の積極的活用も示唆されていた。一方で、調査書に関しては、令和 3 年 7 月 30 日付の「『令和 7 年度大学入学者選抜実施要項の見直しに係る予告』について（通知）」（以下、本書では『令和 7 年度見直し予告（通知）』と表記）で、今回の指導要録の様式改訂の趣旨を踏まえて更なる見直しが発表されている。

　この間、文部科学省では、学校教育法第 30 条第 2 項が定める「学力の三要素」（「知識・技能」「思考力・判断力・表現力等」「主体的に学習に取り組む態度」）を議論の出発点としながら、**育成を目指す資質・能力の要素を 3 つの柱として整理した**。その 3 つの柱に基づき、学習指導要領に示す目標や内容に照らして、各教科の観点別学習状況の評価をこれまでの 4 観点（「関心・意欲・態度」「思考・判断・表現」「技能」「知識・理解」）から **3 観点（「知識及び技能」「思考力、判断力、表現力等」「主体的に学習に取り組む態度」）に整理する**とともに、その充実を求めた。

　それを踏まえて、平成 31 年（2019 年）3 月 29 日に発出した『小学校、中学校、高等学校及び特別支援学校における児童生徒の学習評価及び指導要録の改善等について（通知）』（以下、本書では『改善等について（通知）』と表記）で、**高等学校においても、各教科・科目の評価は観点別学習状況の評価と評定の両方について、目標に準拠した評価として実施する**こととした。そして、指導要録の参考様式にもその両方の記載欄を設けた。各学校では、文部科学省が示す「各教科等の評価の観点及びその趣旨」や国立教育政策研究所が示す「指導と評価の一体化」のための学習評価に関する参考資料等を参考に、説明責任が果たせるように準備しておかなければならない。

また、「教員の働き方改革」とも関連して、**指導要録の簡素化**も課題となっており、**今回の改訂では「特別活動の記録」や「総合所見及び指導上参考となる諸事項」の欄で工夫がなされた。**

　併せて文部科学省では、書面の作成、保存、送付については、現行の制度上でも情報通信技術を用いて行うことは可能としているが、改めてその活用が指導要録等に係る事務の改善や省力化を推進する上でも重要であるとの方針を明確にし、校務用端末の利用や統合型校務支援システムの導入を積極的に推進する方向性を示した。指導要録の電子化は時代の流れであり、その作成、保存、送付が情報通信技術を用いて行われる時代になった。入力から点検作業まで、ミスが発生しないよう手順を定めて組織的に行う必要がある。

　いずれにしても、指導要録の記入のためには、正確な情報を多方面から収集するとともに、多様な資料から必要な情報を取捨選択し、最終的には簡潔に記載することが求められる。情報収集の段階から、実際の記入、記入後の点検、保存、情報の管理に至るまで、組織的、計画的に行われなければならないことを肝に銘じたい。

　本書の改訂にあたっては、指導要録の法的な性格、記載すべき指導記録としての意味等を踏まえた上で、2018 年版学習指導要領の趣旨に沿って実践的に吟味した。記入方法については、実際に即した記入例、具体的な文例を示しながら提示した。文例はあくまで例示であるので、各学校や当該生徒の実態に即して工夫し、活用していただければ幸いである。

序章　基礎編

第1章　実務編①学籍に関する記録（様式1）

第2章　実務編②指導に関する記録（様式2）

第3章　実務編③通信制における参考様式と記入例

第4章　生徒指導要録取り扱い上の留意点等

序章

基礎編

1. 生徒指導要録とは何か

　学校は教職員の力の全てを結集し、保護者や地域との密接な連携のもと、個々の生徒の豊かな成長を目指して教育活動を展開している。指導要録は、その経過や成果を学校が公に責任を負って記録する表簿である。

　指導要録に記載された記録は、外部への証明が必要な場合にはその原簿としての役割を果たす。例えば、成績証明書や単位修得証明書等の作成はこれに基づいて行われる。また、日々変化を続け、たくましく成長していく生徒の年次的な過程を客観的に記録するものでもあり、責任をもって継続的な指導にあたるべき生徒指導の根本資料だといえる。

　つまり、指導要録は公の性質をもち、公に責任を負って行われる学校教育が、個々の生徒に関わる指導の責任を公的に明示する根本表簿なのである。

（1）　指導要録作成の法的根拠

　学校には、学校教育法施行規則第 28 条で法的に作成が義務づけられ、その保存期間が定められた何種類かの文書がある。そうした文書のほとんどは、学校管理者や学校事務の担当者によって作成され、整理されている。一般の教職員に直接関わってくるものには、名簿、履歴書、出勤簿、時間割表などがある。また、生徒に関わるものとしては、出席簿や健康診断に関する表簿などがあり、指導要録もその中の一つである。上記第 28 条に列記された表簿は、第 2 項で「別に定めるものを除き、5 年間保存しなければならない」となっている。また、指導要録の「学籍に関する記録」については、「その保存期間は 20 年間とする」となっている。

　指導要録の作成についての法的根拠は、学校教育法施行規則第 24 条に規定されている次の条文である。「校長は、その学校に在学する児童等の指導要録（学校教育法施行令第 31 条に規定する児童等の学習及び健康の状況を記録した書類の原本をいう。以下同じ）を作成しなければならない。」

　文部科学省は、この規定に基づいて、指導要録の様式の大枠を定め、各都道府県教育委員会教育長等の学校設置者に例示している。これを受けて、公

立学校にあっては各教育委員会が管理運営規則に則って、その具体的な様式や取り扱いを定め、私立学校もほとんどがこれに準じている。

なお、上記第24条の条文では、作成者が「校長は……」となっているが、これは最終的な作成責任を明示したものである。実際の記入は校務分掌上の位置づけにより、担任が行うものである。校長の指導要録の作成権限を各担任が委嘱されているといえるだろう。

(2)　2018年版学習指導要領と学習評価、指導要録の改善について

指導要録の様式及び記載内容は、学校の教育活動の具体的な内容を大綱的に示した学習指導要領に準拠して定められる。従って、学習指導要領の改訂ごとにその内容や取扱いの方法が規定され、文部科学省より様式が例示される。**高等学校においては、令和4年（2022年）度から、2018年版学習指導要領に基づく新しい様式での指導要録の作成が始まる。**

文部科学省は、このことについて平成31年3月29日付の『改善等について（通知)』で新しい様式等を例示し、その様式に記載する事項については『〔別紙3〕高等学校及び特別支援学校高等部の指導要録に記載する事項等』（以下、本書では『別紙3』と表記）で具体的に示した。また、『改善等について（通知)』には、各設置者による指導要録の様式の決定や各学校における指導要録の作成の参考となるよう、学習評価を行うに当たっての配慮事項、指導要録に記載する事項及び各学校における指導要録作成に当たっての配慮事項等が列挙されている。各学校では、その記載内容を学習評価の改善や指導要録の作成に活用することが求められている。

そこに示された配慮事項の中で、特に指導要録作成と関連した内容を次にまとめたので、参考にしていただきたい。

【1】 学習評価についての基本的な考え方について

① 学習指導と学習評価は学校の教育活動の根幹であり、カリキュラム・マネジメントの一環としての指導と評価を重視すること。

② 主体的・対話的で深い学びの視点から授業改善と評価を行うこと。

③ 「評価の結果が生徒の学習改善につながらない」「教師によって評価の方針が異なり学習改善につながらない」「教師が評価のための記録に労力を割かれて指導に注力できない」等、学習評価については様々な課題が指摘されている。そのことを踏まえ、学習評価の改善の基本的な考え方としては、生徒の学習改善、教師の指導改善につながるものにしていくこと。

【2】 学習評価の主な改善点について

① 指導と評価の一体化を推進する観点から、観点別学習状況の評価の観点についても、学習指導要領が示した『学力の3要素』に対応し、「知識・技能」「思考・判断・表現」「主体的に学習に取り組む態度」の3観点に整理して示した。設置者においても、これに基づく適切な観点を設定すること。

② 「主体的に学習に取り組む態度」については、各教科等の観点の趣旨に照らし、知識や技能の獲得や思考力、判断力、表現力等を身に付けたりすることに向けた粘り強い取り組みのなかで、自らの学習を調整しようとしているかどうかを含めて評価すること。

③ 観点別学習状況の評価と評定の双方の特長を踏まえつつ、学習評価の結果を活用して、指導の改善等を図ることが重要であること。

④ 特に、高等学校及び特別支援学校高等部における各教科・科目の評価について、学習状況を分析的に捉える観点別学習状況の評価と、これらを総括的に捉える評定の両方について、学習指導要領に示す各教科・科目の目標に基づき学校が定めた目標や内容に照らし、その実現状況を評価する目標に準拠した評価として実施すること。

【3】 指導要録の主な改善点について

① 観点別学習状況の記載について

　　高等学校及び特別支援学校高等部における「各教科・科目等の記録」については、**観点別学習状況の評価を充実する観点から、それぞれについて観点別学習状況の評価を記載する。**

② 「特別活動の記録」欄について

　　教師の勤務負担軽減を図り、観点別学習状況の評価を充実する観点から、「特別活動の記録」については**文章記述を改め、各学校が設定した観点を記入した上で、評価の観点に照らして十分満足できる活動状況にあると判断した場合に〇を記入する。**

③ 「総合所見及び指導上参考となる諸事項」の欄について

　　教師の勤務負担軽減の観点から、「総合所見及び指導上参考となる諸事項」については、**要点を箇条書きするなど、記載事項を最小限にとどめる。**

④ 通級による指導に関する記載について

　　通級による指導を受けている生徒で、個別の指導計画が作成され、通級による指導に関して記載すべき事項が個別の指導計画に記載されている場合には、**その写しを指導要録の様式に添付することをもって指導要録への記入に替えることも可能とする**など、その記載の簡素化を図る。

【4】 学習評価の円滑な実施に向けた取り組みについて

① 各学校では、教師の勤務負担軽減を図りながら学習評価の妥当性や信頼性が高められるよう、例えば、評価に関する実践事例を蓄積し共有するなど、学校全体で組織的かつ計画的な取り組みを行うこと。

② 学習評価については、日々の授業の中で、単元や題材などの内容や時間のまとまりなど場面を精選して、生徒の学習状況を把握して指導の改善に活かすこと。

③ 「感性や思いやり」など、観点別学習状況の評価になじまない個人内評価の対象になるものについては、生徒の可能性や進歩の状況などを積極

基礎編

13

的に評価し生徒に伝えること。

④　言語能力、情報活用能力や問題発見・解決能力など教科等横断的な視点で育成を目指す資質・能力は、各教科等における「知識・技能」「思考・判断・表現」「主体的に学習に取り組む態度」の評価に反映すること。

⑤　学習評価の方針を事前に生徒と共有する場面を設けることは、学習評価の妥当性や信頼性を高めるとともに、生徒に学習の見通しをもたせる上で重要である。

⑥　全国学力・学習状況調査や高校生のための学びの基礎診断の認定を受けた測定ツールなどの外部試験や検定等の結果は、生徒の学習状況を把握するために用いることで、教師の評価を補完したり、必要に応じて修正したりする上で重要である。

⑦　指導要録の作成、保存、送付を、情報通信技術を用いて行うことは現行の制度上も可能であり、その活用を通して指導要録等に係る事務の改善を推進することが重要である。特に、統合型校務支援システムの整備により、指導要録と文章記述欄などの記載事項が共通するいわゆる通知表のデータとの連動を図ることは教師の勤務負担軽減には不可欠であり、統合型校務支援システムの導入を積極的に推進すること。また、その整備が困難な場合であっても、校務用端末を利用して指導要録等に係る事務を電磁的に処理することも効果的である。

⑧　いわゆる通知表の記載事項が、指導要録の「指導に関する記録」に記載する事項をすべて満たす場合には、現行の制度上も設置者の判断により、指導要録の様式を通知表の様式と共通のものにすることが可能である。

⑨　今般の指導要録の改善において、観点別学習状況の評価が一層重視されたこと等を踏まえ、教員研修の充実など学習評価の改善に向けた取り組みに重点を置くことが求められる。

（3）生徒のための指導要録とする立場

　担任は、生徒の人格形成に寄り添い、その望ましい成長発達に力を尽くし助力する立場にある。決して、各教科の評価・評定を事務的に集めて生徒を序列的に扱う存在になってはならない。

　指導要録作成にあたっては、生徒一人ひとりの特性を多面的・総合的に評価し、個性の伸長に役立つようにするという立場で、生徒の望ましい成長を一層促す指導の観点を得る根本資料として対応し、かつ作成することが大切である。同時に、その記載内容が、進学や就職に深い関わりをもつ公的な意味が強いという性格から、生徒が将来において正しく自己実現を図っていけるように、慎重に作成の任を果たしていく必要がある。

　生徒への指導は、生徒のもつ様々な可能性を効果的に引き出す活動を支援するために行われる。担任は、その中心になって、学校の組織的な教育力を個々の生徒に対して働きかけていくのである。

　だからこそ、担任は、生徒の全人的な成長に直接的な関わりをもつ評価の在り方に強い関心を払い、生徒を多面的に見ることができる指導資料の収集に努め、生徒を総合的にとらえるよう努力することが求められる。生徒は、在籍する3年の間に、自分の真の個性や特性、能力の全てを自覚できるとは限らない。また、教師がそれを完全に発見しうるものでもない。生徒の個人としての優れている点や長所を積極的に見出し、伸長していくという観点で指導要録の記録作成に取り組むことが重要である。

　しかし同時に、その長所が絶対的なものであるような取り扱いは厳に慎むべきである。例えば、教科の学習面ではあまり振るわない生徒が、体育祭や文化祭などの学校行事のなかで思わぬ能力を発揮していることを発見し、驚かされることがある。そうした能力を称揚することは、その生徒を励まし、勇気づけることになる。一方で、そのような多面的な評価は、生徒を理解する大事な資料ともなる。

　また、教科の学習における当該生徒のつまずきや戸惑いを大切にし、それ

を克服していくことに力を貸すための手段を講ずることも必要である。例え
ば、国語の不得手な生徒については、国語の教科担当者から必要な情報を得
て、一方で、その生徒の様々な情報を教科担当者に提供して、指導の工夫を
協力的に重ね、実践していくといった取り組みを大切にしなければならない。
そのような対応の中で、生徒は再びステップアップした力を示してくれるこ
とが多いものである。生徒が、なぜ力を発揮できないでいるのかという指導
上の問題点の発見と、それをもとにした指導の方策を考え、手をしっかりさ
しのべることをおろそかにしてはならない。

　担任としては、2018年版学習指導要領に示された「学力の3要素」「観点
別学習状況の評価」を踏まえ、生徒を多面的かつ総合的に捉えることを重視
し、生徒のための指導要録という視点を忘れずに作成することが重要である。
その上で、指導要録の作成の趣旨を理解するとともに、様式や取り扱い上の
留意事項を確実に押さえて作成する必要がある。

2. 指導要録実務の心得

（1） 作成者と作成の時期

　学校教育法施行規則は、在学する生徒の指導要録の作成を校長に義務づけている。従って、対外的に指導要録作成の責任を負っているのは校長である。しかし、指導要録作成の実務は、学校組織として担任がその責任を任された業務の一つである。具体的には、担任が各種の資料をもとに作成し、学年の担任団と教務部などの点検の後、校長が最終的な点検・確認をして、法令で定められた指導要録の作成が完了する。

　学籍の異動のない生徒の指導要録の作成は、年度末に集中的に行う。各教科・科目の評定が確定し、作成のための資料がそろうからである。しかし、年度末になって資料収集を始めるようでは、良い仕事はできない。年度末は定期考査の採点や次年度の準備などで多忙な時期であることを踏まえ、作成のための資料収集は年度初めから、計画的に効率よく進めなければならない。また、学籍に関する記録の記入は年度の初めにすべきである。

　さらに、学校教育法施行規則は、生徒が進学または転学した場合は、指導要録の写し又は抄本を進学先または転学先の校長に送付することを定めている。送付期限は各都道府県の「管理運営に関する規則」などによるが、東京都の場合は 30 日以内と定められている。この場合にも、まずは担任が作成を済ませなければならない。対外的な学校の信用に関わる重要な手続きであるので、年度の途中であっても素早く対応し、支障が生じないように努力する。担任は年間を通して指導要録作成に関わっているといえるのである。

（2） 作成のための準備

【1】 記入のための資料収集

　指導要録の記入には、正確であることが強く求められる。学籍の記録は生徒の卒業後も、20 年間保存することが学校教育法施行規則で定められており、生徒の単位修得証明などの原簿となる。

記入にあたっては、指導要録の各項目の記入に必要な基礎資料を確認し、正確な記入を期するため、年度当初より計画的に整理する。また、各項目の記入事項は生徒個人のプライバシーに関わるデータが多いので、個人情報を保護する配慮を忘れてはならない。生徒と保護者の信頼を確保するため、各種の資料の取り扱いや保管には十分な注意を払いたい。間違っても校内に置き忘れたり、校外に持ち出すことがあってはならない。一定の保管場所を定め、むやみに移動させないことなどの習慣づけが求められる。

　以下に記入のための基礎資料となるものを挙げる。

① 「生徒指導票」（「家庭環境調査票」など）

　　学校では生徒の指導や保護者への連絡のため、入学時に学校ごとに形式を定めた、例えば「生徒指導票」に類する調査票を提出させている。

　　生徒氏名、保護者等氏名、住所などの指導要録への記入は、住民票と同じ記載であることが原則となっている。そのため、この「生徒指導票」は保護者が直接記入するなど、正確に記載できるように工夫する必要がある。

　　個人面談を実施する場合には、「生徒指導票」の未記入箇所や変更箇所も確認する。これは生徒理解にも大いに役立つ。年度途中で異動や変更が生じた場合は、担任の手により絶えず更新していく必要がある。

② 「生徒調査票」「アンケート調査票」（p.27「生徒調査票」（例）参照）

　　年度当初には、生徒に対しアンケート形式の調査票で、生徒氏名、生徒住所、保護者等氏名、保護者等住所、進路希望、所属部活動、担当委員・係名等の記入を求める。個人面談の際に点検・確認と追記入を行うとよい。アンケートの実施は年度初めの2週間以内に、個人面談は4月中に済ませることが望ましい。早い段階で担任の手元に正確な資料が準備でき、生徒の現状把握のみならず住所変更等にも対応がしやすい。

③ 「健康診断に関する記録」

　　学校は、学校保健安全法第13条等により生徒の健康の維持増進を図るため、健康診断を実施し、その他保健に必要な措置を講じることが義務づけられている。また生徒によっては、健康に関する特別な事情があり、指導

上の様々な配慮が求められる場合がある。

　生徒一人ひとりの健康に関する配慮事項は、指導要録などにより次年度の学年などに正確に伝える必要がある。記載内容の配慮も含め養護教諭との連携を図り、健康診断の結果を点検・確認しておくことが望まれる。

④「出席簿」

　出席簿は、学校教育法施行規則第 28 条により「備付表簿」と規定されている。生徒の出席状況や学習活動への参加状況を公的に記録するため、全ての学校で備えておかなければならない公簿である。

　出席簿の記録の集計結果は、生徒の単位修得又は進級・卒業にも直接影響を及ぼす。慎重かつ正確な扱いが強く求められる。毎日必ず出席簿により生徒の出席状況を確認し、事前に連絡のない欠席・遅刻・早退はその理由を確かめることが大切である。学期末になって一度に学期の集計をしようとすると、間違いが生じやすい。週ごとの集計を忘れずに行い、月末にまとめてその月の集計を表に記入することを習慣としたい。

⑤「成績原表」と「成績一覧表」など

　学年末の各教科・科目の成績は指導要録への記入を前提として、ホームルームごとの成績一覧表にまとめられる。指導要録の「各教科・科目の学習の記録」の記入の基礎資料である。記入後の点検もこの一覧表との照合で行われる。従って細心の注意のもとに作成する必要がある。教科担当者から提出された成績原表との入念な点検・照合も必要である。

　成績一覧表や通知表作成においてもパソコンの活用が進んでいる。校務用端末の利用は教師の実務作業の合理化・軽減化のために必要なことである。しかし、校務用端末を利用したから記入ミスがないということはない。基礎データの入力や入力後の点検等は複数の教師で丁寧に行う必要がある。また、サーバへの保存やバックアップ等も間違いなく行えるように担当部署を設置するなどの工夫が必要である。

【2】 日常的な資料の収集

　指導要録の記入は担任が担当するが、担任の目で見た生徒理解のみをもとにして記入するのでは、一面的、主観的な記録になる恐れがある。指導要録の記入には、生徒の学校生活の総合的な姿が反映されなければならない。

　生徒は、授業や部活動では、ホームルーム活動の時間とは異なる姿を見せたり、別の役割を果たしていることが少なくない。教科担当者、部活動顧問など同僚教師との連携により総合的な生徒理解を深めることが大切である。

　指導要録の各項目の記入スペースはそれほど広くはない。そこに生徒一人ひとりの学校生活の様子や指導上参考となる事項を的確に記録するためには、日常的に生徒理解の資料を収集する工夫が必要である。

　今回の指導要録では、「特別活動の記録」の欄は、学校が定めた特別活動全体の評価の観点を記載した上で、**各活動については文章での記述が無くなる。**また「総合所見及び指導上参考となる諸事項」の欄は、要点を箇条書きにするなど、**簡素化の方向**が示されている。一方で、資料収集は生徒指導に活かすことはもちろん、推薦書の作成など進路指導にも欠かせないので、必要な情報をどのように収集し、どのように蓄積し、どう活用していくのか、学校全体で共通理解しておくことが重要である。

　また、正確な記載を徹底するため、指導要録の記入前に、年度末にまとめた欠席、遅刻、早退、忌引、各教科・科目ごとの欠席時数は生徒に確認を求めておくとよい。近年、指導要録や成績通知表の記載事項に対する社会的な関心が高まっており、生徒や保護者との信頼関係を損なわないように、記入資料の収集と点検には細心の注意を払いたい。

① **担任としての資料収集**

　・「生徒指導ノート」を作る

　４月から翌年３月までの生徒指導の経過を、全員について克明に記憶しておくことは不可能である。しかし、指導要録を生徒の指導に役立てる正確な資料とし、対外的に生徒の学校生活の真実の姿を証明する公簿とするためには、日常的な生徒観察や指導の記録を残すことは重要である。

生徒は、ホームルーム活動、各種の委員会、クラスの係・当番、学年行事、学校行事などに参加する。その活動形態や内容は多種多様である。一人ひとりの各場面で果たす役割や活動の状況、他の生徒との触れ合いを記録するノートやカードを用意しておくとよい。

何でもメモして、指導経過を記録しておくことは、生徒指導に役立つだけではなく指導要録作成の重要な資料となる。校務用端末に生徒の個人ファイルを設定し記録することもできる。記録までに時間がかかる場合には、まずはノートや手帳の活用を勧めたい。また、記録を電子化する際には、個人情報の保護に十分注意する必要がある。USB メモリなどの外部記録媒体で学外に持ち出すことがないよう特段の注意をしたい。

・「教務手帳」の使い方を工夫する

どこの学校でも「教務手帳」と呼ばれる記録のための手帳を利用している。1 行の幅は狭いが、生徒の氏名欄があるので、それを利用して数字や記号を記入するには便利である。「生徒指導ノート」に記入する事柄と「教務手帳」に記入すべき事柄を区別して利用することが望まれる。

生徒の月ごとの欠席、遅刻、早退、忌引の記録は、使いやすいように工夫して、この手帳に転記すれば出欠の一覧表とすることができる。

また、生徒氏名欄の 1 行の幅に、校内で使用する生徒氏名票の幅を合わせておくと、提出物のチェックなどに活用できる。パソコンが普及してもすぐに情報が取り出せる教務手帳の便利さに変わりはない。

② 同僚教師との連携による収集

・教科担当者との連携

担任は、教科担当者から生徒の成績の評定（観点別学習状況の評価を含む）、欠課時数の連絡を受けるだけでは不十分である。授業への参加状況、指導上の問題点、顕著な成果などの情報提供も求めたい。

担任が個人的に教科担当者に問いかけをして、指導上の連携を図るなかで、資料収集を進めることが基本であるが、担任と教科担当者の協力体制を校内で組織的に確立することが望まれる。

定期考査後の成績評定の提出時に、指導上の問題点を抱えた生徒と成果の著しい生徒の報告をアンケート形式で依頼するのも一案である。年度末や学期末の忙しい時期に面倒な対応を依頼することになるので、事前に了解を得ておくなど、必要な配慮が求められる。

　また、指導上の問題点を多く抱えたクラスや生徒については、「教科担当者会議」により、一人ひとりの生徒の状況をより深く把握することなどの工夫も有効である。しかし、どの教師もたくさんの課題を抱えている。無理な負担を強要することがないように配慮が求められる。学校全体で共通理解を図り、それぞれの学校にふさわしい担任と教科担当者との連携の方法を工夫・創造することが大切である。

・部活動顧問との連携

　部活動は、異年齢間における生徒の自主性が強く発揮される分野である。生徒全員が参加する授業やホームルーム活動の時間とは違った役割や行動を示す生徒もいる。生徒理解を深める上で、部活動顧問からの資料収集は、部活動のなかで果たしている生徒の役割を知るだけでなく、生徒の行動や性格を理解する鍵にもなる。

　部活動への参加状況、果たしている役割と任務、活動の成果、指導性、仲間への思いやり、協調性などを中心に、資料収集に努める。これらの項目を入れた学校独自の統一用紙が備えられれば、担任と部活動顧問との連携は一層深まるであろう。

・生徒会や委員会担当者との連携

　生徒会や委員会活動は、部活動とは違った側面をもつ生徒の自主的・自発的な活動の分野であり、生徒を総合的に理解する上で大切な要素である。奉仕的な性格が強い分野であるため、生徒の活動意欲や社会への参画意欲が表れることも多い。この分野での活動を正しく評価することは、指導要録の記載の趣旨に沿うものであり重視しなければならない。

③　生徒の「自己評価資料」の活用（p.28「自己評価資料」（例）参照）

　ホームルーム活動の時間を活用し、生徒自身による学習活動、家庭での生活、部活動、友人関係などの自己評価をさせると、生徒の努力の様子などがより鮮明にとらえられる。学期初めの目標づくりと関連づけ、学期末には必ず成果や課題点を振り返らせることは、生徒の自己理解を深め活動意欲を高める点からも大切である。

　生徒の自己評価を参考にすると、担任の気づかなかった生徒の意外な努力や特長を発見することができる。生徒の自己評価資料は、その形式と活用の在り方を工夫することでさらに利用度が高まる。

〈年度末の自己評価項目〉

・『各教科・科目の学習、家庭学習』

　1　授業の欠席時数

　2　各科目の成果、自己評価

　3　家庭学習についての自己評価

　4　健康上の配慮事項

・『総合的な探究の時間』

　1　取り組んだテーマ、目的等

　2　主な活動内容

　3　成果、自己評価

・『特別活動』

　1　ホームルーム活動についての自己評価、係名、役割、成果

　2　生徒会・委員会活動についての自己評価、役員、委員、成果

　3　学校行事についての自己評価、係、委員、成果

・『部活動や進路、その他』

　1　部活動についての自己評価、役割、成果

　2　進路希望、職業希望

　3　進路実現に向けた取組、自己評価

④ 「指導要録記入用アンケート」の活用（p.29「指導要録記入用アンケート」（例）参照）

　自己評価とは別に、指導要録記入の参考にするためにアンケート形式で情報収集することもできる。年度末のホームルーム活動の時間を利用して記入させるとよい。

〈年度末に生徒に確認しておく項目〉

・『学籍の記録』

　　1　生徒と保護者等の氏名、使用文字、ふりがな

　　2　住所（転居・住所表記の変更の有無）

・『出欠の記録』

　　1　欠席、遅刻、早退の日数と理由

　　2　忌引、出席停止の日数、時期、事由

・『特別活動の記録』

　　1　ホームルーム活動における係名、役割など

　　2　生徒会・委員会活動における役員、委員など

　　3　学校行事における係、委員など

・『指導上参考となる記録』

　　1　進路希望

　　2　職業希望

　　3　趣味・特技

　　4　取得資格、検定

　　5　所属部名と役割、部活動の成果（公式戦の記録など）

　　6　留学、海外経験、外国人との交流

　　7　奉仕活動、地域におけるボランティア活動への参加

　　8　表彰・顕彰

（3）作成にあたっての留意点

【1】　変更事項の処理

　変更が生じた場合は、前に記入した事項を二重線で消し、後で判読できるいわゆる「見せ消し」で対応する。転居で住所が変わったときや住所表記が変更になった場合などである。そのため、**変更の可能性のある項目の欄については、あらかじめ上部に寄せて記入する。**なお、この場合は訂正ではないため、認印は押さない（p.32「変更事由が発生した場合の処理」参照）。

【2】　誤記事項の処理

　誤記事項を訂正する場合も、**誤記した文字や数字などを二重線で「見せ消し」をし、正しい事項をそこに併記する**のが正しい方法である。インク消しや修正液などで抹消し、その上から記入することはしてはならない。このときは、**訂正であるので訂正者（記入者である担任）の押印が必要である。**点検者など記入者でない教員が訂正、押印してはならない。訂正の場合は、欄外に「何字訂正」と記入する。どの項目の第何学年の欄の訂正であるか、どの年度で訂正したかも併記する（p.33「誤記の場合の処理」参照）。

　なお、数字の訂正の際に、一部の桁の数字のみの訂正は行わない。必ず数字全体を二重線で消して訂正しなければならない。

【3】　成年年齢に達した生徒への対応

　改正民法が実施され満18歳で成年に達することから、従来「保護者」としていた部分を「保護者等」や「父母等」に改めるなどの対応が必要である（p.36「保護者等の欄」参照）。

【4】　手書きの場合について

　記入にあたっては、手書きの場合は黒色または青色のペンまたはボールペンを使用する。20年間の保存に適したものが条件である。

（4）　指導要録の電子化について

【1】　電子化の判断

　指導要録は、以前は手書きにより作成されることが多かったが、近年は校務用端末や統合型校務支援システムによる作成に移行し、電子データで保存されるようになってきた。『改善等について（通知）』でも、「指導要録等に係る事務の改善を推進することが重要」との方向を示し、統合型校務支援システムの導入を推奨している。直ちに整備が困難な場合でも、校務用端末を利用して指導要録等に係る事務を電磁的に処理することが効果的だとしている。

　指導要録は、法令により校長が作成することを義務づけられた表簿であるため、手書きによるか校務用端末等を活用するかは、個々の教員の意向ではなく、学校の設置者の判断により決められるものである。

【2】　電子化導入時の留意点

　チェック体制の強化が叫ばれていても、通知表や調査書の作成ミスが起こっている。パソコンで作成する場合は、入力段階から読み上げとキー操作を別人が行う等の複数対応とし、点検も複数の目で厳重に確認する必要がある。年度当初に作成計画を設定し、作成手順をフローチャート化し、各作業段階で必要な点検が実施できるよう、組織的な体制を整えるべきである。

　電子化した場合、保存はネットワークに接続したサーバ内で行われる。不正アクセスや流出等の事故が起こらないようセキュリティ体制を万全にするとともに、バックアップを定期的に行う必要がある。統合型校務支援システムが導入されている場合も含め、設置者（教育委員会や学校法人）が決めた基本方針を厳守することが重要である。

　電子化に際しては、作成のための資料収集、作成時期・方法及び作業手順などを見直し、周知徹底する必要がある。研修会を実施して、指導要録記入・点検のみならず、その管理についても理解し、学校全体で電子化に対応できる体制を構築する必要がある。

「生徒調査票」（例）

（○）年（4）月（15）日 記入

★あなたの基本情報を記入してください　　　　（2）年（B）組（5）番　氏名（　学事　二郎　）

① 学籍関係

ふりがな 生徒氏名	がくじ じろう 学 事 二 郎	*変更があった場合の年月日（　　　　　）
生徒住所	東京都千代田区外神田 ○－○－○	*変更があった場合の年月日（　○年 8 月 9 日　）
出身中学校	中央区 立 ○○ 中学校	卒業年月日（ ○年 3 月 24 日 ）
ふりがな 保護者氏名	がくじ はなこ 学 事 花 子	*変更があった場合の年月日（　　　　　）
保護者住所	東京都千代田区外神田 ○－○－○	*変更があった場合の年月日（　○年 8 月 9 日　）

② 学業

得意科目 ／ 苦手科目	情報 英語 ／ 国語 家庭科
今年度の学習目標	・英語や数学では応用力を高める。英検 2 級を取得したい。 ・国語、特に古典はきちんと復習をする。

③ 特別活動、部活動等 *前年度の活動について記入してください

部活動（所属部、役職等）	男子バレーボール部　副部長、新人戦よりレギュラー（セッター）
部活動の結果（記録等）	新人戦 3 回戦敗退
ホームルームでの係	前期（　遠足係　）後期（　　　　）
委員会活動	前期（　　　　）後期（　体育委員　）
生徒会活動	前期（　　　　）後期（　体育委員会・副委員長　）
学校行事での係や仕事	体育祭 用具係（男バレが担当した）

④ 進路関係 *現在の状況を記入してください

進路希望	四年制大学への進学（理工学部・情報系）　第 1 志望は国立大学
職業	コンピュータ関係の仕事に就きたい
趣味・特技	スポーツ、パソコン
資格・検定	英検準 2 級（令和○年○月○日取得）

⑤ その他

表彰等	なし
地域での活動	1 年の夏休みに地域の防災訓練に参加した（ボーイスカウトの活動）
留学・海外経験	なし
長所・短所	長所：明朗 好きなことには集中できる　　短所：面倒くさがり屋
今年度の抱負、伝えておきたいこと、その他	・勉強と部活動を両立させ、今年は成績を落とさないようにしたい。 ・修学旅行を楽しみにしている。

「自己評価資料」（例）
（○）年（3）月（19）日 記入

自己評価の記号の語意は下記の通り
A：よくできた　　　　B：ある程度できた
C：あまりできなかった　D：全くできなかった

★ 1 年間を振り返って自己評価しましょう　　　（2）年（B）組（5）番　氏名（　学事　二郎　）

① 学習活動 I （各教科・科目の学習、家庭学習）

科目の欠時数	＊別紙の欠時表で各科目の欠時数を確認してください。 ■欠時数の間違いはない　□欠時数に間違いがあった（科目名　　　　　）	
授業についての 自己評価	A ⓑ C D	成果や課題 どの授業もしっかり参加した。提出物もきちんと出した。
家庭学習につい ての自己評価	A B ⓒ D	成果や課題 宿題はやったが、英語以外の勉強は十分にはできなかった。
健康上の留意点	特になし	

② 学習活動 II （総合的な探究の時間）

テーマ・目的	SDGs・持続可能な生活（身の回りでできるエコ対策）について考える	
主な活動内容	・文献や資料で SDGs について理解し、17 のテーマについて情報収集した。 ・CO_2 排出を抑える生活について班で協議し、自分たちにもできることを発表した。	
自己評価・成果	Ⓐ B C D	成果や課題 CO_2 排出は重要課題だと理解した。政策も重要だが、自分たちの 生活の仕方も重要だとクラスで提案できた。

③ 特別活動

ホームルームでの係	前期（　進路係　）後期（　　　　　）	A ⓑ C D
委員会活動	前期（修学旅行委員）後期（修学旅行委員）	Ⓐ B C D
生徒会活動	前期（　　　　　）後期（　　　　　）	A B C D
ホームルーム活 動に対する自己 評価	A B ⓒ D	成果や課題 部活を優先してしまい、文化祭準備で迷惑をかけてしまった。
学校行事に対す る自己評価	Ⓐ B C D	成果や課題 修学旅行委員として思い出に残る行事になるように頑張った。

④ 部活動や進路、その他

部活動（所属部、役職等）	所属部（男子バレーボール部）役職等（　　副部長　　）	
部活動の結果（記録等）	県大会で入賞することが目標だったが、ベスト 16 で終わってしまった。	
部活動の取組に 対する自己評価	A ⓑ C D	成果や課題 今まで以上に練習に励んだが、結果には結びつかなかった。
進路希望	四年制大学（国ⓒ公立・私立）短期大学　専門学校　公務員　就職（　　　）	
進路実現への努 力に対する自己 評価	A B C Ⓓ	成果や課題 目標は決めたが、そのための努力は全くしていない状態。
友人関係 その他自由記述		

28

基礎編

「指導要録記入用アンケート」（例）

（○）年（3）月（5）日 記入

★1年間を振り返って正確に記入してください　　（2）年（B）組（5）番　氏名（　学事　二郎　）

① 学籍関係

ふりがな 生徒氏名	がくじ じろう 学 事 二 郎	＊変更があった場合の年月日（　　　　　　　）
生徒住所	東京都千代田区外神田○−○−○	＊変更があった場合の年月日（　○年 8 月 9 日　）
ふりがな 保護者氏名	がくじ はなこ 学 事 花 子	＊変更があった場合の年月日（　　　　　　　）
保護者住所	東京都千代田区外神田○−○−○	＊変更があった場合の年月日（　○年 8 月 9 日　）

② 出欠の記録

欠席日数(理由)	1学期　0日（　　　　）　2学期　2日（ 発熱 ）　3学期　1日（ 腹痛 ）
遅刻・早退	遅刻　4回（理由：　通院、腹痛　）　早退　0回（理由：　　　　　）
忌引（月日・理由）	忌引　1日（12月・祖父（父方）死亡のため）
出席停止（月日・理由）	1月13日〜17日・インフルエンザのため

③ 特別活動の記録

ホームルームでの係	前期（　　進路係　　）　後期（　　　　　　）
委員会活動	前期（　修学旅行委員　）　後期（　修学旅行委員　）
生徒会活動	前期（　　　　　　）　後期（　　　　　　）
学校行事での係や仕事	体育祭 用具係（男バレが担当だった）

④ 進路関係、部活動、その他

進路希望	四年制大学への進学（理工学部・情報系）　第1志望は国立大学
職業希望	コンピュータ関係の仕事に就きたい
趣味・特技	スポーツ、パソコン
資格・検定	英検2級（令和○年○月○日取得）
部活動（所属部、役職等）	男子バレーボール部　　副部長、レギュラー（セッター）
部活動の結果（記録等）	春季大会ベスト16　インターハイ予選2回戦敗退　新人戦3回戦敗退
留学・外国人との交流等	なし
地域活動・ボランティア等	今年も夏休みに地域の防災訓練に参加した（ボーイスカウトの活動）
表彰・顕彰	なし
頑張ったこと	・英検2級を取得した。 ・みんなが楽しめる修学旅行になってよかった。 ・バレー部でセッターとして頑張って、春季大会でベスト16になった。
不十分だったこと	・文化祭の準備には十分協力できなかった。 ・勉強不足で、古典と歴史総合の成績が思うように上がらなかった。

指導要録記入のチェックポイント

1. 生徒の特徴をどうまとめるか

　初めての担任でなくても、生徒の様子を指導要録に記載すること
は難しいものです。多忙ななかで言葉を紡ぐゆとりがないことも一
因かもしれません。そこで、ベテラン教師にコツを聞いてみました。

（1）日々の情報収集のポイント

　　①今日の授業（また一日の生徒の学校生活）を振り返る

　　②気になる生徒がどのような言動を取ったのかを思い出す

（2）記入文（案）作成のポイント

　　③具体的な場面〔A〕と抽象的な表現〔B〕の両方を入れる

　　　〔A〕生徒の活動やエピソード　〔B〕担任から見た評価の言葉

　　④生徒面談や生徒の自己評価票とつき合わせる

　　⑤他の教師からの情報も参考にする

（3）記入時のポイント

　　⑥誤字や主述のねじれはないか確認する

　　⑦記入文を学年団で共有し、ブラッシュアップする

2. 情報収集のためのアイデア

　最近では、授業の進度が書き込めたり、学校の予定表などが自由
に貼れたりする教師用手帳が市販されています。

　例えば、210ページ「ネガポジ用語」のコピーに生徒名と日付を
メモしておいた上で、手帳の週間のページに③の具体的な生徒の活
躍やエピソードを書いておけば、日付でリンクされて、記録を引き
出しやすくなるのではないでしょうか。

　こうして、具体的な場面に「ネガポジ用語」のような抽象的な表
現を組み合わせると、生徒の個性が際立つ内容になります。

　本書を用いて担任の観察力や文章力をさらに向上させてください。

第 **1** 章

実務編① 学籍に関する記録（様式1）

1. 記入にあたって

　記入にあたっては、原則として常用漢字、アラビア数字及び現代かなづかいを用いる。固有名詞はこの限りではない。手書きでの記入の場合は、黒色又は青色のペンまたはボールペンを用い変色のおそれのあるものは避ける。

　「生徒」及び「保護者等」の欄の氏名や現住所、「校長氏名印」や「ホームルーム担任者氏名印」など、変更あるいは併記する必要が生じる可能性のある欄については、その欄の上部に寄せて記入する。

（1）　記入の時期

①入学時

　「生徒」「保護者等」「入学前の経歴」「入学・編入学」「転入学」「学校名及び所在地（分校名・所在地等）課程名・学科名」の各欄

②学年当初

　・「ホームルーム」「整理番号」「年度」の各欄

　・「校長氏名印」及び「ホームルーム担任者氏名印」欄の各氏名

③学年末

　「校長氏名印」「ホームルーム担任者氏名印」欄の各印

④卒業時

　「卒業」「進学先・就職先等」の各欄及び裏面の「各教科・科目の修得単位数の記録」の欄

⑤事由発生時

　「入学・編入学」「転入学」「転学・退学」「留学等」の各欄及びこれらに伴って記入が必要な欄

（2）　変更事由が発生した場合の処理

　現住所等の記入事項に変更が生じた場合は、そのつど修正する。その方法は、以前の記入事項が判読できるように、二重線で該当部分を消し、住民票

の記載に基づいた新しい内容を余白に記入する。この場合、誤記の訂正ではないので訂正印の必要はない。

　変更等の事由や発生期日を控える必要がある場合は、様式２「指導に関する記録」の「総合所見及び指導上参考となる諸事項」欄に記入する。

＜現住所に変更があった場合の記入例＞

生徒	ふりがな	がくじ　たろう	性別	男
	氏　名	学事　太郎		
	生年月日	平成〇年〇月〇日		
	現住所	~~東京都文京区〇〇町〇丁目〇番〇号~~ 東京都練馬区〇〇町〇丁目〇番〇号		

（3）　誤記の場合の処理

　記入事項の訂正にあたっては、誤記事項を二重線で消し、訂正事項を余白に記入する。また、訂正箇所に訂正者（原則としてホームルーム担任）の印を二重線の上に押す。また欄外には、訂正した年度と訂正文字数を記入しておく。

＜誤記の訂正例＞　　　　　　　　　　〇年度　5字訂正

生徒	ふりがな	かんだ　あや~~はな~~ か	性別	女
	氏　名	神田　彩花		
	生年月日	平成〇年〇月〇日		
	現住所	本町田 東京都町田市~~本町田~~　〇番地〇号		

2. 記入の実際

（1） 欄外の区分・学年

この欄には、毎学年、生徒が所属する「ホームルーム」名と「整理番号」（いわゆる「出席簿番号」）を記入する。

<学年制高等学校の例>

区分　　学年	1	2	3	4
ホームルーム				
整理番号				

（2） 学籍の記録

この欄では、「生徒」「保護者等」「入学前の経歴」「入学・編入学」「転入学」「転学・退学」「留学等」「卒業」「進学先・就職先等」「学校名及び所在地、課程名、学科名」「校長氏名印」「ホームルーム担任者氏名印」等について記入する。

【1】 生徒の欄
① 氏名や現住所については、変更する可能性があるため、記入例のように余白を設けて記入する。
② 生徒氏名、生年月日、現住所の記入については、原則として住民票または中学校から送付された指導要録の抄本又は写しに基づいて記入する。
③ 「ふりがな」はひらがな（「フリガナ」の場合はカタカナ）で記入する。
④ 数字はアラビア数字を用いる。

➕学年による教育課程の区分を設けない学校（いわゆる「単位制高等学校」）においては、「学年」を「年次」又は「年度」と読み替える。以下の様式の「学年」も同様に読み替えることとする。

➕原則として入学当初及び異動が生じたときに記入する。

➕氏名に使われている漢字が旧字体等の場合は、住民票に基づいて正しく記入する。

⑤　性別の欄には、男または女を記入する。

⑥　外国人については、外国人登録済証明書に記載されている氏名（本名）を記入。「ふりがな」は、できるだけ母国語に近い読み方をひらがな（「フリガナ」の場合はカタカナ）で記入する。

⑦　生徒の通称名等については、保護者からの申し出があって、指導上必要と認めた場合であっても、この欄には記入せず、様式1「学籍に関する記録」の「備考」の欄に記入する。

⑧　住所は略記せず、例えば「○○県○○市○○町○丁目○番○号○○マンション○号室」と記入する。

⑨　氏名、現住所等の記入事項に変更が生じた場合、そのつど修正する。その方法は、以前の記入事項が判読できるように、二重線で該当部分を消し、余白に新しい内容を記入する。

➕様式1に備考欄がない場合や、変更等の事由や発生期日を控える必要がある場合は、様式2の「総合所見及び指導上参考となる諸事項」の欄に記入する。⇒ p.142

➕生徒が下宿などで親元を離れている場合等、住民票に記載されている住所と異なる場合は保護者に確認し、実情にあった住所を記載する。

＜記入例＞

生徒	ふりがな	がくじ　たろう	性別	男
	氏　名	学事　太郎		
	生年月日	平成○年○月○日		
	現住所	○○県○○市○○町 ○丁目○番○号		

<外国人の記入例>

生徒	ふりがな	じょあんな　あり	性別	女
	氏　名	Joanna　Ali		
	生年月日	平成〇年〇月〇日		

【2】　保護者等の欄

① 「氏名」の欄には、生徒に対して親権を行う者を記入する。親権を行う者がいないときには、後見人を記入する。

② 「現住所」については、生徒の現住所と同一の場合には、「生徒の欄に同じ」と略記する。

<記入例>

保護者等	ふりがな	がくじ　まさひこ
	氏　名	学事　雅彦
	現住所	生徒の欄に同じ

③　入学時に、既に成人に達している生徒については、保護者に替えて「保証人」を記入する。

文部科学省では『成年年齢に達した生徒に係る在学中の手続等に関する留意事項について（事務連絡）』で、従来「保護者」としていた部分を「保護者等」「父母等」に改めるなどの対応を示している。

親権者とは父母の2名であるが、父または母のいずれか一方の届けられた者の氏名を記入する。

後見人には父母の家族や親戚がなる場合が多いが、複数の後見人も可能。また、社会福祉法人などの法人も後見人になることができる。

＜生徒が成人している場合の記入例＞

保護者等	ふりがな	たかはし　ひろし
	氏　名	保証人　高橋　宏
	現住所	○○県○○市○○町○丁目○番○号

④　氏名・住所の変更や保護者等が外国人の場合の記入
　　方法については、「生徒の欄」に準じて記入する。

＜保護者等が外国人の場合の記入例＞

保護者等	ふりがな	じるべると　　あり
	氏　名	Gilberto　Ali
	現住所	生徒の欄に同じ

【3】　入学前の経歴の欄

①　高等学校に入学するまでの教育関係の略歴を記入す
　　る。外国において受けた教育の実情なども、この欄に
　　記入する。

②　中学校卒業後、職業訓練校等を終えてから高等学校
　　に入学してくる生徒など、多様な経歴をもつ生徒もい
　　る。また、高等学校を中途退学した者が再び入学して
　　くる場合もある。その事情を聞き、必要があれば、様
　　式2「指導に関する記録」の「総合所見及び指導上参
　　考となる諸事項」の欄に記入しておく。

➕保証人とは、生徒
　の入学に際し、学
　校に対して生徒の
　身分上、または金
　銭上の保証を行う
　者である。

➕保証人は成人で独
　立の生計を営む者
　であれば、父、母、
　姉、兄、事業主等、
　続柄は問わない。

実務編①

＜中学校卒業の場合の記入例＞

入学前の経歴	令和〇年 3 月〇日 　〇〇県〇〇市立〇〇中学校卒業

＜外国で教育を受けた場合の記入例＞

入学前の経歴	令和〇年 3 月〇日　　中学校卒業 令和〇年 3 月 ブラジル国サンパウロ州 サンパウロ日本人学校中学校課程修了

⊞外国で教育を受けた場合は、修学年又は在学期間及び国名、都市名、学校名を記入しておく。

＜高等職業技術専門学校終了後に入学した場合の記入例＞

入学前の経歴	令和〇年 3 月〇日 　〇〇県〇〇市立〇〇中学校卒業 令和〇年 3 月〇日 　東京都立〇〇高等職業技術 　　　　　　　専門学校卒業

＜中学校卒業程度認定試験に合格した場合＞

入学前の経歴	令和〇年 3 月〇日　　中学校卒業 令和〇年　文部科学省 　中学校卒業程度認定試験に合格

⊞中学校の就学を猶予又は免除された者が、中学校卒業程度認定試験に合格して、高等学校入学資格を得ている場合は、その旨と合格年度をこの欄に記入する。

【4】 入学・編入学の欄

① 入学については、校長が入学を許可した年月日を記入する。この場合には「第　学年編入学」の文字を二重線で削除する。

② 入学年月日とは校長が入学を許可した年月日のことであるが、「入学式の日」としているところが多い。

＜入学の場合の記入例＞

入学・編入学	令和○年4月○日　第1学年　入学
	~~第　学年編入学~~

③ 外国の学校から編入学した場合や過去に高等学校等に在籍していた者が編入学した場合は、校長が編入学を許可した年月日、学年等を記入する。この場合には「第1学年入学」の文字を二重線で削除する。

④ 編入学とは、学籍を一度失った者が再度入学する場合であり、在籍を継続している転入学とは異なる。

⑤ 単位制による課程の場合においては、「在学すべき期間　令和　年　月　日　まで」の項目を加え、校長が定めた在学すべき期間を記入する。

⑥ 編入学の事由や編入学以前の教育状況などを控える必要がある場合は、様式2「指導に関する記録」の「総合所見及び指導上参考となる諸事項」の欄に記入しておく。

➕他の高等学校に入学した者が退学等ではなく、在籍を継続したまま、中途で入学した場合は、「転入学」の欄に記入する。

▶第2章の2. 記入の実際（5）総合所見及び指導上参考となる諸事項の記入文例参照。⇒ p.142

実務編①

＜編入学の場合の記入例＞

入学・編入学	令和〇年4月〇日 ~~第 学年 入学~~ 第2学年編入学

＜単位制課程への編入学の場合の記入例＞

入学・編入学	令和〇年4月〇日 ~~第 学年 入学~~ 令和〇年度 2年次編入学 ~~第 学年編入学~~ （在学すべき期間 令和〇年 3月31日まで）

【5】 転入学の欄

① 他の高等学校から転入学した生徒については、その年月日、学年、前に在学していた学校名、課程名、学科名、所在地等を記入する。

② 同一課程間（全日制から全日制など）の場合には、原則として同一学年に転入学する。しかし、課程が異なる場合には、修得している単位数に応じて相当学年に転入することができる。

③ 同じ高等学校において、異なる課程から転籍した場合も、転入学の場合に準じて記入する。転籍とは、在籍を継続したまま、同一学校内で他の課程の相当学年に移ることをいう。この場合、左側の欄の「転入学」の文字を二重線で削除し、「転籍」と記入する。

④ 在籍を継続したまま、同一学校内で他の学科の相当学年に移ることを「転科」という。この場合も転籍に準ずる。

⑤ 単位制による課程の場合においては、「在学すべき期

➕転入学を許可した校長は、生徒が在籍している学校の校長宛に、当該生徒が転入学した旨及び期日を通知する。その上で当該生徒の指導要録の写しの送付を求める。

➕転入先の学校では、新たに指導要録を作成する。送付された写しは一緒に綴じて保管する。

📖第4章の「転入学の場合」参照。
⇒ p.187

間　令和　年　月　日　まで」の項目を加え、校長が
定めた在学すべき期間を記入する。

＜転入学の場合の記入例＞

転入学	令和〇年〇月〇日　第１学年　転入学 〇〇県立〇〇高等学校 全日制課程普通科　第１学年より 〇〇県〇〇市〇〇町〇番地

＜転籍の場合の記入例＞

転籍 ~~転入学~~	令和〇年〇月〇日　第１学年　転籍 本校全日制課程　普通科　第１学年より

＜転科の場合の記入例＞

転科 ~~転入学~~	令和〇年〇月〇日　第１学年　転科 本校定時制課程　機械科　第１学年より

➕前籍校での修得単
位数の確認は必ず
行い、卒業単位の
不足が起こらない
よう十分注意する
こと。

➕転入学等をした年
月日と転学等をし
た年月日との間に
空白期間があって
はならない。

実務編
①

【6】 転学・退学の欄

① 「入学・編入学」及び「転入学」の欄に記入された
日以降に、異動があった場合に記入する。

② 他の高等学校に転学する場合には、転学先の学校が
受け入れた年月日の前日を記入し、その学校名、課程
名、学科名、転入学年、所在地等を記入する。

③ 退学する場合には、校長が退学を認めた年月日、又
は退学を命じた年月日等を記入する。

④ 同じ高等学校において、異なる課程に転籍する場合
も、転学の場合に準じて記入する。この場合、左側の
欄の「転学・退学」の文字を二重線で削除し、「転籍」
と記入する。

⑤ 在籍を継続したまま、同一学校内で他の学科に転科
する場合も転籍に準ずる。

＜転学の場合の記入例＞

転学・退学	令和〇年〇月〇日　第１学年　転学 〇〇県立〇〇高等学校 　　　　　全日制普通科　第１学年へ 〇〇県〇〇市〇〇町〇丁目〇番〇号

＜退学の場合の記入例＞

転学・退学	令和〇年〇月〇日　第１学年　退学

◆転学先の校長から、
生徒が転入した旨
の通知を受けたと
き、転学前の高等
学校の校長は速や
かに指導要録の写
しを作成し、当該
生徒の中学校から
送付を受けた指導
要録の抄本又は写
しと一緒に転学先
の校長に送付する。

▶第4章の「転学の
場合」参照。
⇒ p.185-186

<**転籍の場合の記入例**>

転　籍 転学・退学	令和〇年〇月〇日　第１学年　転籍
	本校定時制課程　普通科　第１学年へ

【7】　留学等の欄（休学を含む）

① 　この欄には、留学、休学について、校長が許可した
期間を記入する。

② 　海外における正規の後期中等教育機関に留学した場
合は、留学について校長が許可した学年、期間及び留
学先の国名、学校名、学年等を記入する。

　　留学の期間は留学が許可された日から、復学が許可
された日の前日までである。

③ 　留学先の国名と学校名の記入に際しては、できるだ
けその国の読み方に近い読み方で、カタカナを用いる
ことが適切であろう。

④ 　休学して外国の高等学校で学習する場合には、休学
を許可した年月日と学年を記入する。復学した場合に
は、その前日を休学の終日とする。

➡留学、休学の取り
扱いは、各教育委
員会の規定（通知
等）により、学校
長が決定する。

➡留学については学
校教育法施行規則
第93条。〔巻末参
照〕

➡休学については学
校教育法施行規則
第94条。〔巻末参
照〕

➡留学中の単位につ
いては、外国にお
ける学習の記録に
基づいて校長が認
定する。在籍や在
学期間を示す証明
書は必ず添付して
おく。

➡第2章2. 記入の
実際（2）【8】留学
の欄参照。
⇒ p.66 ～ 68

<留学の場合の記入例>

留学等	令和○年○月○日 〜令和○年○月○日 留学　第１学年 オーストラリア　クイーンズランド州 ゴールドコースト　ベノワ・ステイト・ ハイスクール　YEAR 10

<休学の場合の記入例>

留学等	令和○年○月○日 〜令和○年○月○日　休学　第１学年

【8】　卒業の欄

①　校長が卒業を認定した年月日を記入する。

②　卒業年月日とは、校長が卒業を許可した年月日のことであるが「卒業式の日」としていることが多い。

<記入例>

卒　　業	令和○年 3 月○日

【9】　進学先・就職先等の欄

①　進学した生徒については、進学した学校名、学部名及び所在地を記入し、就職した生徒については、就職先の事業所名及び所在地を記入し、就職しながら進学した生徒については、上記の両方を記入する。

②　家事または家業に従事した生徒については、その旨を記入する。

⊕3月31日を卒業の期日とする考え方もある。

⊕単位制高等学校や特別な教育課程を編成している場合には、(帰国生徒等)学期の区分に応じて卒業が認められている。

⊕留学していた場合は、学年の途中において卒業の認定が可能である。

③　予備校などは記入しない。

＜進学者の記入例＞

進学先・就職先等	○○大学　教育学部　国語専攻 ○○県○○市○○町○番○号

＜就職者の記入例＞

進学先・就職先等	株式会社○○製作所 ○○県○○市○○町○番○号

＜家業に従事する者の記入例＞

進学先・就職先等	家業（いちご農家）に従事

■卒業の際、進路が未定で記入できない者については、確定したときに記入することが望ましい。ホームルーム担任が転任するような場合は、記入漏れがないよう、学校として留意する。いつまでに記入しなければならないという規定はないが、無理なく記入できるようなシステムをつくっておきたい。

■第4章の「進学の場合」参照。
⇒ p.182 ～ 183

（3） 学校名及び所在地、課程名・学科名

【1】 学校名・所在地・課程名・学科名の欄

① 学校名は、○○立○○高等学校、○○立○○高等学校○○分校、私立学校では、学校法人○○学園○○高等学校などのように、略さず、国立、公立、私立の設置者もわかるように正確に書く。

② 所在地は、東京都○○区○○町○丁目○番○号のように正確に記入する。

③ 課程名は、全日制の課程、定時制の課程、通信制の課程の別を記入する。

④ 学科名は、普通科、専門学科を主とする学科、総合学科の名称を記入する。専門学科を主とする学科については、学科名に続き、括弧内に小学科名を記入する。

⑤ 学校名又は住所に変更があった場合には、旧学校名又は旧所在地を二重線で消して、新学校名又は新所在地を記入する。

<＜生徒が本校に在学する場合の記入例＞>

学 校 名 及 び 所 在 地 （分 校 名・ 所 在 地）	○○県立○○高等学校 ○○県○○市○○町○丁目○番○号
課 程 名・ 学 科 名	全日制課程・普通科

⊕学校名、所在地の記入は、あらかじめ印刷しておくと便利である。

⊕例えば、商業（情報処理）科、工業（電子）科などのように記入する。

⊕以前に在学していた学校における修得単位数等に関する証明書等の資料を「学籍に関する記録」に添付しておくとよい。

<**生徒が分校に在学する場合の記入例**>

学 校 名 及 び 所 在 地 （分 校 名 ・ 所 在 地） 課 程 名 ・ 学 科 名	○○県立○○高等学校 ○○県○○市○○町○丁目○番○号 （○○県立○○高等学校　○○分校・ ○○県○○市○○町○丁目○番○号） 定時制課程・普通科

<**学校名に変更があった場合の記入例**>

学 校 名 及 び 所 在 地 （分 校 名 ・ 所 在 地） 課 程 名 ・ 学 科 名	~~○○県立○○高等学校~~ ○○県立▽▽高等学校 ○○県○○市○○町○丁目○番○号 全日制課程・商業（情報処理）科

【2】　校長氏名印・ホームルーム担任者氏名印の欄

① 　校長氏名及びホームルーム担任者氏名は、学年当初に記入する。

② 　氏名は、訂正あるいは併記する可能性があるため、欄の上部に記入し、下部に余白を残しておく。

③ 　同一年度内に、校長またはホームルーム担任者が代わった場合には、そのつど後任者の氏名を併記する。氏名を併記した場合には、それぞれの者が生徒に対して責任をもった期間を括弧書きにする。

④ 　押印は、その年度の指導要録の記入が完成した学年末に行う。

⑤ 　生徒が転出・退学等の際は、そのつど記入について責任を有する校長及びホームルーム担任者が押印する。

⊕生徒が分校に在学する場合には、その本校名及び所在地を記入するとともに、分校名、所在地を括弧書きにする。

⊕電子化が認められている場合は、氏名の記入や押印の方法について、各教育委員会で確認すること。

⊡電子署名及び認証業務に関する法律（平成12年法律第102号）第2条。〔巻末参照〕

実務編①

<記入例>

年度	学年	校長氏名印	ホームルーム 担任者氏名印
令和〇年度	1	山崎 勲　　　㊞	鈴木 晶子　　㊞ （4月～9月） 萩原 健太郎　㊞ （10月～3月）
令和〇年度	2	山崎 勲　　　㊞	萩原 健太郎　㊞
令和〇年度	3	奈良 八重子　㊞	大宮 真紀夫　㊞

（4）　各教科・科目等の修得単位数の記録

　各教科・科目等の修得単位数の記録には、修得した各教科・科目ごとに修得単位数の計を記入する。

　併せて、総合的な探究の時間の欄にその修得単位数の合計を記入する。

　編入学又は転入学した生徒については、以前に在学していた学校において修得した単位を校長が認める場合は、その修得単位数についても記入する。

① 　様式2「指導に関する記録」の「各教科・科目の修得単位数の計」をもとに、卒業年度末までに記入する。

② 　「総合的な探究の時間」の欄には、卒業年度までに修得した単位数の合計を記入する。

③ 　障害のある生徒に対して、学校教育法施行規則第140条の規定に基づき、通級による指導を行った場合であって、2018年版高等学校学習指導要領第1章第5款2（1）イに定める単位認定を行った場合には、総合

⊕妊娠出産休暇及び育児休暇中における臨時的任用の教員が担当した場合などについても、その氏名を記入する。

⊕「教科」「科目」の記入の順序は学習指導要領または各教育委員会の定めるところによる。

⊕生徒の履修状況に応じて「学校設定科目」を設置し、当該生徒が履修している場合は該当教科の欄に「学校設定科目」を記入する。

的な探究の時間の次に自立活動の欄を設けて修得単位数の計を記入する。

④　留学により認定された修得単位数がある場合には空白の欄を用いて記入し、「留学による修得単位数」の欄に認定された単位数を記入する。

⑤　編入学・転入学した場合、以前の在籍校で修得した単位数を、様式2「指導に関する記録」の「総合所見及び指導上参考となる諸事項」に記入しておくとよい。確認にもなる。

⑥　履修のみが認定された科目がある場合は、表内は斜線を引き、備考欄にその科目名と履修認定された年月日を記入しておく。

「観点別学習状況」、どう評価する？

1．学習評価における3観点は、リンクしている

　観点別学習状況の評価に関する注意点は、「知識・技能」「思考・判断・表現」「主体的に学習に取り組む態度」の3観点がリンクしているという点です。つまり「思考・判断・表現」は「知識・技能」を活用する際の力を指し、「主体的に学習に取り組む態度」は両者を身につけるための主体性を指しています。3観点を一体のものとして考えることにより、教科・科目等の目標を踏まえて3観点に即した、より一貫性のある評価規準の設定が可能になります。

2．3観点の評価は、トータルで

　観点別学習状況の3観点の評価は毎回の授業で行うのではなく、原則として単元や題材のまとまりごとに行うと良いでしょう。ある時間では主に「知識・技能」を育み、別の時間では「思考・判断・表現」を育む。そして単元などのまとまりで3観点すべてを評価し、その評価を積み上げたものが各学期の評定となる、というイメージです。したがって「単元を貫く問い」を設定し、単元ごとにどのように授業をデザインするのか、その構想が重要となります。

3．観点別学習状況の評価は、評定と密接に結びつける

　観点別学習状況の評価はA、B、Cの3段階評価です。3観点の評価はAAAからCCCまでの組合せがありますが、どの組合せをどの評定にするのかについては、各学校で定める必要があります。例えば、「すべてBであれば評定は3」「Aが2つ、Bが1つであれば評定は4」などの規準を校内で検討しておくとよいでしょう。そして決定した規準を生徒や保護者にあらかじめ周知することで評価の信頼性を高め、生徒に学習の見通しをもたせることが大切です。また、評価や評定では表すことができない生徒の良い点等は「総合所見」等に記しましょう。

第 **2** 章

実務編② 指導に関する記録（様式 2 ）

1. 記入にあたって

（1）「指導に関する記録」様式の改訂の概要

　高等学校では、令和4年（2022年）度の入学生から年次進行で、2018年版学習指導要領に基づく新しい様式での指導要録の作成が始まる。「指導に関する記録」については、教員の負担軽減のために簡素化する方針が示される一方で、生徒の学習の記録に関しては次のような改善点が示されている。

　① 「**各教科・科目等の記録**」については、評定とともに**観点別学習状況を記載する**。観点別学習状況の評価に関しては、学習指導要領で『学力の3要素』として示された。『学力の3要素』は以下の通り。

> 「知識・技能」「思考力・判断力・表現力」
> 「主体性を持って多様な人と協働して学ぶ態度」

　② 「**総合的な探究の時間の記録**」については、「**観点**」の項目が加わった。具体的には、この時間に行った学習活動及び**各学校が自ら定めた評価の観点を記入**した上で、**それらの観点に基づいて生徒にどのような力が身に付いたかを文章で端的に記述する**。

　③ 「**特別活動の記録**」については、文章記述を改めて、**各学校が設定した観点を記入**した上で、その**評価の観点に照らして十分満足できる活動状況にあると判断した場合に〇を記入する**。

　④ 「**総合所見及び指導上参考となる諸事項**」については、要点を箇条書きするなど、**記載事項を最小限にとどめる**。

　⑤ 「**通級による指導を受けている生徒**」については、記載すべき事項が個別の指導計画に記載されている場合には、**その写しを指導要録の様式に添付することをもって指導要録への記入に代えることも可能とする**。

　各学校では、新しい様式とともに、示された改善点の趣旨を踏まえて記入するよう、周知徹底する必要がある。

(2) 記入のポイントと留意点

　「学籍に関する記録」の保存期間が 20 年となっているのに対し、「指導に関する記録」は 5 年である。保存期間は短いものの、進学や就職の際の調査書はもちろん、「成績証明書」をはじめとする各種証明書等の原簿として重要な役割がある。また、生徒の年次的な成長の過程を記録するものであり、継続的な指導の根本資料となるものである。

　上記を踏まえ「指導に関する記録」の記載に関しては、次のような点に留意する。

① 　原則として常用漢字、アラビア数字及び現代かなづかいを用いる。ただし、固有名詞はこの限りではない。

② 　名称等は正式名で記載するとともに、年月日や評価等の数値に関しても、間違いがないよう注意を払って記載し、必ず点検を行う。

③ 　誤記の場合は誤記事項を二重線で消し、訂正事項を余白に記入する。訂正箇所に訂正者（原則としてホームルーム担任）の訂正印を押す（p.33「誤記の場合の処理」参照）。

④ 　事実を確認し、公正な記述を心がける。

⑤ 　生徒の特性を多面的・総合的に評価して記入するとともに、望ましい成長を促す指導の観点を押さえる。その資料として、各種調査票や生徒の自己評価等のアンケートも活用できる（p.27「生徒調査票」、p.28「自己評価資料」等参照）。

⑥ 　簡潔な記述を心がけ、記入文体は「である」体で統一する。

2. 記入の実際

(1) 欄外の生徒氏名・学校名等

　この欄は、入学時に、生徒氏名及び学校名を記入する。また、各学年の年度初めに、生徒が所属する「ホームルーム名」と「整理番号」（いわゆる「出席簿番号」）を記入する。

🔶常用漢字、アラビア数字で記入する。

🔷第2章1. 記入にあたって「記入のポイントと留意点」参照。⇒ p.53

(2) 各教科・科目等の学習の記録

　この欄は、各教科・科目等の学習の状況や結果について、毎学年末または履修・修得が認められた時期ごとに記入する。ただし、「修得単位数の計」については、卒業年度末までに記入する。

　「各教科・科目の学習の記録」は成績証明書や単位修得証明書など、対外的に生徒の学習の状況や結果を証明する原簿となるものであり、誤記などがあってはならない。記入後には必ず点検を行う。その際、組織的な点検体制（同一学年の担任間で点検しあった後に、改めて教務部で点検するなどの体制）をつくり、正確さを期することが求められる。

　転学・退学、留学、休学、転籍などの場合には、そのつど必要な事項を記入する。また異動が生じた場合、速やかに全教職員に報告するとともに、各教科担当者との連絡を密にし、確実に対応することが必要である。

　特に、留学については、同一学年の他の生徒とは修得単位数の計算や単位認定の時期が異なる場合があるので誤記のないよう注意する。

🔶統合型校務支援システムを導入している場合も、年度初めには必ず点検を行うこと。

🔶誤記などを防ぐための工夫、確実に点検する体制を整えること。

【1】 各教科・科目等の欄

> 生徒の履修状況に応じて教科・科目名を記入する。

記入の順序は、学習指導要領に示された順とする。学校設定科目を設けている場合は、当該教科の欄に記入し、学校設定教科を設けている場合は、「学校設定教科」の欄に学校設定教科の名称を記入する。

⊕都道府県教育委員会が順序を示している場合は、その順とする。

⊕普通教育に関する教科と専門教育に関する教科は分けて記入する。

【2】 観点別学習状況の欄

> 各教科・科目の目標や内容に照らして、その実現状況を観点ごとに評価し記入する。

① 「観点別学習状況」についての留意点

(a) 2018 年版学習指導要領において、育成を目指す目標や内容が３つの柱に整理されたことを受け、**学習評価の観点が「知識・技能」「思考・判断・表現」「主体的に学習に取り組む態度」の３観点に整理された。**

知識・理解	技能	思考・判断・表現	関心・意欲・態度

知識・技能	思考・判断・表現	主体的に学習に取り組む態度

(b) 高等学校及び特別支援学校高等部の指導要録では、従来の「評定」「修得単位数」に加えて、**「観点別学習**

📖平成 31 年 3 月 29 日発出『小学校、中学校、高等学校及び特別支援学校における児童生徒の学習評価及び指導要録の改善等について（通知）』（本書では『改善等について（通知）』と表記）の 3.の(2)及び『〔別紙 3〕高等学校及び特別支援学校高等部の指導要録に記載する事項等』（本書では『別紙 3』と表記）の〔2〕の 1 参照。

📖『指導と評価の一体化』第 1 編第 1 章の 3 参照。

実務編②

状況」の欄が新設された。

(c) 学習指導要領に示す各教科・科目の目標に基づき、学校が生徒や地域の実態を踏まえて定めたそれぞれの教科・科目の目標や内容に照らして、その実現状況を観点ごとに評価し、次のように3段階で記入する。

> 「十分満足できる」状況と判断されるもの　　…A
> 「おおむね満足できる」状況と判断されるもの　…B
> 「努力を要する」状況と判断されるもの　　　　…C

(d) 3観点のうち、一部の観点に偏った評価が行われることのないように十分留意する。必要に応じて、事前に学習評価の方針を生徒と共有する場面を設けたり、様々な機会を捉えて保護者と共通理解を図ったりする等、学習評価の妥当性や信頼性を高めるとともに、生徒に学習の見通しをもたせる工夫が有効である。

(e) 各教科・科目の評価の観点について、2018年版高等学校学習指導要領を踏まえ、各教科の『指導と評価の一体化』や『改善等について（通知）』の『〔別紙5〕各教科等の評価の観点及びその趣旨（高等学校及び特別支援学校高等部）』（以下本書では『別紙5』と表記）を参考に設定する。その際、各観点の評価に関する事項をまとめると、以下のようになる。

＜「知識・技能」の評価について＞

　各教科等における学習の過程を通した知識及び技能の習得状況だけでなく、それらをすでにもっている知識及び技能と関連づけ、他の学習や生活の場面でも活用でき

『別紙3』〔2〕の1の（1）および『指導と評価の一体化』第1編第1章の4参照。

『改善等について（通知）』4.の（5）参照。

56

る程度に概念等を理解し、あるいは技能を習得している
かについて評価する。

　具体的な評価の方法としては、定期考査や小テストは
勿論、記述式の問題や観察・実験を踏まえて作図を行う
場面を設ける等、多様な方法を取り入れる。

＜「思考・判断・表現」の評価について＞

　上記の「知識・技能」を活用して課題を解決する等の
ために必要な思考力・判断力・表現力等を評価する。

　具体的な評価の方法としては、定期考査や小テストだ
けでなく、論文やレポートの作成、グループワークやプ
レゼンテーション、作品の制作等の多様な活動が考えら
れる。また、必要に応じて、それらを集めたポートフォ
リオを活用する等、評価方法を工夫する。

＜「主体的に学習に取り組む態度」の評価について＞

　「学びに向かう力、人間性等」には、①「主体的に学
習に取り組む態度」として観点別学習状況の評価を通し
て汲み取ることができる部分と、②「感性、思いやり等」
の観点別学習状況の評価だけでは汲み取りつくすことが
難しいため、個人内評価を通して汲み取る部分があるこ
とに留意する。

　①の評価については、他の２つの観点である「知識・
技能」と「思考・判断・表現」を身につけるために、主
体的に学ぼうとしているかを評価する。その際、粘り強
い取り組みを行おうとしている側面と、自らの学習を調
整しようとする側面の、両側面を評価する必要がある。

　具体的な評価の方法としては、ノートやレポート等に

■ここでの評価は、
生徒の学習の調整
が「適切に行われ
ているか」を必ず
しも判断するもの
ではない。評価は
指導と一体のもの
であるという趣旨
を踏まえ、必要に
応じて、教師が学
習の進め方を適切
に指導することが
求められる。

実務編②

おける記述、授業中の発言、教師による行動観察、生徒
による自己評価や相互評価等の状況を参考にすることが
考えられる。

(f) 観点別学習状況の評価に係る記録の総括の時期とし
ては、単元（題材）末、学期末、学年末等の節目が考
えられる。総括の仕方については、あらかじめ各学校
において決めておく必要がある。

『指導と評価の一体化』第1編第2章の1参照。

② 記入上の注意等

(a) 3観点の記入方法

3観点の欄には「知識・技能」「思考・判断・表現」
「主体的に学習に取り組む態度」の順に評価を記すので、
AAA から CCC までの組み合わせが存在する。

各教科・科目等		第1学年		
教科等	科目等	観点別学習状況	評定	修得単位数
国語	現代の国語	AAA		
	略			

(b) 正確な記入のために

細心の注意を払って正確に記入するだけでなく、紛ら
わしい文字や表記にならないよう、丁寧に記入する。記
入後は、必ず組織的に点検を行う。

もし、記入に誤りが生じた場合は、二重線で消して訂
正事項を記入し、訂正箇所に訂正者の訂正印を押す。そ
の上で、欄外に「○字訂正」と記入するとともに、どの
項目の欄の文字であるか、どの学年で訂正されたものか

(b)～(d)の注意等は、次項の「評定」の欄についても適用される事項である。

修正液などを使用して訂正することはしない。

を明らかにしておく。

(c) パソコンの利用について

　指導要録について、書面の作成・保存・送付を情報通信技術を用いて行うことは現行の制度上可能である。特に統合型校務支援システムの導入は、設置者等に積極的に推進するよう促されている。したがって、パソコンを活用する際には、データの入力・更新・訂正等の作業やデジタルデータの保存・管理・運用について、設置者等の通知を十分に確認し、それに則って適切に処理すること。

(d) 教科・科目名に校内における名称を用いている場合

　例えば、3学年の選択科目の講座名に、便宜上「数学α」や「数学β」等、校内における名称を用いている場合、それぞれの科目が、学習指導要領における「数学」のどの科目に該当するかということを、必ず確認して記入する。

【3】 評定の欄

> 各教科・科目の目標や内容に照らして、その実現状況を総括的に評価し記入する。

① 「評定」についての留意点

(a) 先述した「【2】観点別学習状況」において掲げられた観点が分析的な評価を行うものであったのに対し、評定は各教科・科目の学習を総括的に評価するものである。したがって、各教科・科目の評定を行う際には、観点別学習状況の評価を基本的な要素として扱うこと

📖 『改善等について（通知）』4.の（7）参照。

実務編②

➕成績一覧表との照合も念入りに行う。

📖 『別紙3』〔2〕の1の（2）および『指導と評価の一体化』第1編第1章の4参照。

🔖第2章2.記入の実際（2）【2】観点別学習状況の欄参照。⇒ p.55～59

➕評定は5段階の数値で表されるが、教師は、常にこの結果の背後にある生徒の具体的な学習の実現状況を思い描き、適切に捉えることが大切である。『指導と評価の一体化』第1編第2章の1参照。

59

に留意する。

(b) 各教科・科目の学習について、それぞれ5段階で表し、5段階の表示は5、4、3、2、1とする。

(c) 2018年版高等学校学習指導要領に定められている各教科・科目の目標に基づき、学校が地域や生徒の実態に即して設定した当該教科・科目の目標や内容に照らし、次のように設定する。

> 「十分満足できるもののうち、特に程度が高い」
> 状況と判断されるもの …5
> 「十分満足できる」状況と判断されるもの …4
> 「おおむね満足できる」状況と判断されるもの …3
> 「努力を要する」状況と判断されるもの …2
> 「努力を要すると判断されるもののうち、特に
> 程度が低い」状況と判断されるもの …1

第2章2. 記入の実際 (2)【2】観点別学習状況の欄の②記入上の注意等の(b)〜(d)も参照。⇒ p.58〜59

② **記入上の注意等**

(a) 評定の客観性・信頼性について

同一学年の同一教科・科目を複数の教科担当で受け持っている場合の評定の不一致や、教科間や学年間で評定のバランスが著しく崩れるような場合、評定に対する客観性・信頼性が失われることになる。学校として、評定と観点別学習状況の評価との整合性に関する一定の目安となる規準を設定しておくことが必要である。

(b) 習熟度別の学級編成による指導の評定について

生徒の特性、進路等が多様化している現状を踏まえ、生徒一人ひとりを尊重し、個性を生かす教育の充実が

大学等の推薦入試では、調査書の学習成績の状況が重視されている点などを踏まえても、評定の客観性・信頼性は極めて重要である。

図られている。その一つとして、生徒の習熟の程度に応じた弾力的な学級編成による指導等が実施されているが、そのような場合は各教科・科目の学習成果の評定をどのように行うかが問題となる。

　習熟度別学級編成の実施にあたっては、単元ごとや学期・学年ごとにおいて、適切に学級の編成替えを行う等、弾力的な工夫が求められている。習熟度別学級編成による指導効果を高めるために、特に習熟度の低い学級においては、生徒一人ひとりの習熟度の高まりや学習意欲の向上に対して常に適切な評価を行い、これを指導上で活かすよう工夫する必要がある。

(c)　学校設定教科に関する科目の評定について

　当該教科・科目の目標や内容等を踏まえて評定を行うが、数値的な評価では汲み取りつくせないものについては、観点別学習状況の評価や評定を行わず、学習の状況や成果等を踏まえて、「総合所見及び指導上参考となる諸事項」の欄に所見等を端的に記述する等、評価の在り方について工夫を行う。

(d)　高等学校卒業程度認定試験の合格科目等の評定について

　学校教育法施行規則第100条１の規定により、高等学校卒業程度認定試験で合格点を得た科目に係る学修を、当該生徒の在学する高等学校における科目の履修とみなして単位を認定した場合は、修得単位数のみを記入する。

(e)　転学・退学、留学、休学等の事由が発生した場合の評定について

　指導要録「様式２」は、５年間保存され外部への各

■評定の趣旨を踏まえると、習熟度別学級編成における評定は、学級編成ごとに行われるのではなく、学校全体として、一つの規準で行われることが望ましいといえる。

■『別紙３』〔２〕の１の（3）参照。

■学校教育法施行規則　第100条。〔巻末参照〕

■第2章 2.　記入の実際（2）【10】備考の欄の①履修上の特記事項(d)参照。⇒ p.74～75

実務編②

種証明の原簿として用いられる場合もあるので、事由
発生時までの、当該生徒の履修している各教科・科目
を評価し、その成績を記入する。その際、最も近い学
期末の成績を用いることもできる。

　また、年度途中で成績の表示ができない場合は、「総
合所見及び指導上参考となる諸事項」の欄に、参考と
なる記録を残す。

➕例えば、「評定の
欄は、第1学期末
までの成績で、10
段階表示による」
などと表記する。

(f)　同一学年における必履修科目と選択科目単位数の取
　り扱いについて

　　必履修科目のみを履修して修得した場合は、必履修
　科目の単位数として取り扱い、必履修科目と選択科目
　の両方を履修して修得した場合は、合計の単位数とし
　て取り扱う。評定も同様に、前者の場合は必履修科目
　の評定を、後者の場合は両方を総合的に判断した評定
　を記入する。

　　例えば、高校3年次に必履修科目で「政治・経済」
　（2単位）と選択科目で「政治・経済演習」（2単位）
　の両方を履修して修得した場合、修得単位数は「4」と
　なり、評定は両方を総合的に判断して決定される。

➕後者の場合は、選
択科目の履修が認
められなくても、
必履修科目の履修
をもって当該科目
の履修を認めるこ
とができる。

【4】　修得単位数の欄

➕学校間連携や技能
審査の合格等に係
る学修の単位認定
を含む。

> 　各教科・科目等について、修得を認定した単
> 位数を記入する。評定「1」のときは、単位の
> 修得を認めない。

①　単位修得の認定について

　　単位の認定は、教科担当の教師が行う学習成果の評

価に基づいて、最終的には校長が認定する。

　履修した教科・科目の評定が「1」であり、単位の修得を認めない場合は、評定の欄に「1」と記入し、修得単位数の欄には「0」と記入するか斜線を引く。

　なお、履修のみが認められた場合は、当該科目の備考欄に履修単位数と学年を括弧書きで記入する。履修した単位数の全部または一部について修得が認められなかった場合であっても、履修した単位数を記録に留める必要があるときは、備考欄等を活用する。

＜評定が「1」で履修のみが認められた場合の記入例＞

各教科・科目等		第1学年			備考
教科等	科目等	学習状況観点別	評定	修得単位数	
国語	現代の国語	CCC	1	／	2単位履修(1学年)
	略				

　また、編入学又は転入学した生徒について、以前に在学していた学校において修得した単位を、卒業に必要な単位として校長が認める場合には、その単位数を各教科・科目等の修得単位数として記入する。あるいは、以前に在学していた学校の修得単位数等に関する証明書等の資料を、学籍に関する記録に添付する等、適切に記録する。

📖『別紙3』〔2〕の1の（4）参照。

② **分割履修について**

　1科目を2以上の学年にわたって分割履修させた場

合には、学年ごとにその教科・科目について、履修した単位を修得したことを認定し記入する。

　分割履修に関わる教科・科目について、一部の学年で認定された一部分の単位だけでは、当該教科・科目を履修したことにはならない。分割履修させたときには、当該教科・科目についての修得は、学校が定める単位数の全ての修得が認定されたときとなる。

　分割履修の教科・科目について、その一部分の単位の修得だけしか認められなかった場合でも、その単位数を卒業に必要な単位数に加えることはできる。

③　**単位修得の時期について**

　履修した教科・科目の単位の修得は、学年末に認定することが原則である。しかし、学期の区分ごとに単位修得を認定した場合には、学期末に修得単位数を記入する。学期の区分に応じて科目の一部の修得を認めた場合は、その科目の全ての単位数の履修を認定した時期に、「修得単位数の計」の欄に記入する。

　また、留学した生徒の留学先の学校における学習の成果をもとに、校長が在籍校の単位として修得を認定した場合は、学期途中であっても、当該生徒の単位の修得が認められる。

[参考法令]

・単位認定についての参考

（2018 年版高等学校学習指導要領 第 1 章 総則 第 4 款）

☩単位の修得は 36
単位以内。

☛第 2 章 2. 記入の
実際（2）【8】留
学の欄参照。
　⇒ p.66 〜 68

- -

　1　各教科・科目及び総合的な探究の時間の単位
　　の修得の認定

(1)　学校においては、生徒が学校の定める指導計
　　画に従って各教科・科目を履修し、その成果が
　　教科及び科目の目標からみて満足できると認め
　　られる場合には、その各教科・科目について履
　　修した単位を修得したことを認定しなければな
　　らない。

(2)　学校においては、生徒が学校の定める指導計
　　画に従って総合的な探究の時間を履修し、その
　　成果が第4章の第2の1に基づき定められる
　　目標からみて満足できると認められる場合には、
　　総合的な探究の時間について履修した単位を修
　　得したことを認定しなければならない。

(3)　学校においては、生徒が1科目又は総合的
　　な探究の時間を2以上の年次にわたって履修
　　したときは、各年次ごとにその各教科・科目又
　　は総合的な探究の時間について履修した単位を
　　修得したことを認定することを原則とする。ま
　　た、単位の修得の認定を学期の区分ごとに行う
　　ことができる。

実務編②

【5】　修得単位数の計の欄

　　各教科・科目等について、修得を認定した単
　位数の合計を記入する。

　2以上の学年にわたって分割履修した科目については、
その合計の単位数を記入する。

　記入の時期は、各教科・科目について予定された全て

の単位を修得し終わったとき、または卒業期となる。な
お、転学・退学などの場合には、その学期までの合計を
記入することになる。

【6】 総合的な探究の時間の修得単位数の欄

> 総合的な探究の時間における学習活動につい
> て、修得を認定した単位数を記入する。

「総合的な探究の時間」については、評価は行うが評定
は行わないので、修得単位数のみを記入する。

【7】 小計の欄

> 学年ごとに、各教科・科目の修得を認定した
> 単位数の合計を記入する。

計算間違いや表記の誤りがないように十分注意する。
組織的な点検作業が不可欠である。

【8】 留学の欄

> 留学した生徒の外国の学校における学習の成果
> をもとに、校長が修得を認定した単位数を記入
> する。

単位の修得の結果、進級・卒業を年度の途中であって
も認めることができる。

➕統合型校務支援シ
ステムを導入して
いる場合も、改め
て複数の目で確認
することが大切で
ある。

留学先の高等学校が発行する在学、成績、教科・科目の履修に関する証明書またはその写しを、「指導に関する記録」に添付しておく。

① 留学に関する単位の認定について

(a) 単位認定の考え方

　　生徒が留学していた学校の教育課程を、逐一、日本の学習指導要領や当該生徒が在籍する学校の教育課程と比較して、在籍校の教科・科目に置き換えて評価する必要はない。

(b) 認定する単位数について

　　校長は、生徒の留学先の学校における履修を、在籍校における履修とみなし、36 単位以内の範囲で単位の修得を認定することができる。

＜留学した生徒に 36 単位を認定した場合の記入例＞

各教科・科目等		第1学年				
		学習状況	観点別	評定	修得単位数	備考
教科等	科目等					
留学					36	カナダへ留学(1年次)
合計					36	

② 学年をまたがって留学した場合について

(a) 1学期を終了した時点で留学を開始する場合

　　次の年の1学期終了時において留学を終了し、帰国した時点で留学についての単位認定を行う。留学先の

📖『別紙3』〔2〕の1の(6)参照。

➕平成21年3月の学校教育法施行規則の一部改正により、平成22年4月から、留学時認定可能単位数は36単位に拡大された。

📘学校教育法施行規則第93条。〔巻末参照〕

➕留学によって認定された単位は、留学期間の長い年度に属する学年の単位として扱われることが原則となる。

➕留学扱いとする学年における日本の高等学校での履修についても、可能な限り、弾力的に扱うことが必要である。

実務編②

学校における学習の成果を在籍校の単位として認定し、進級または卒業の要件を満たした場合は、年度の途中であっても進級あるいは卒業を認定する。

(b) 2学期を終了した時点で留学を開始する場合

次の学年を留学扱いとする。次の年の2学期終了時において留学を終了し、帰国した時点で留学についての単位認定を行う。留学先の学校における学習の成果を在籍校の単位として認定し、進級または卒業の要件を満たした場合は、年度の途中であっても進級あるいは卒業を認定する。

【9】 合計の欄

各学年の、「小計」の欄および「留学」の欄に記入した単位数の合計を記入する。

【10】 備考の欄

「備考」の欄には、各教科・科目ごとに、特に記録しておく必要のある事項を記入する。

① 履修上の特記事項

『改善等について（通知）』では、校長が以下に示す(a)〜(e)の単位認定を行った場合は、履修上の特記事項として、備考欄に記入すると記されている。

(a) 2018年版高等学校学習指導要領第1章第2款3 (2)

イ（イ）に基づき、**主として専門学科において開設される各教科・科目の履修により必履修教科・科目の一部又は全部を認める場合**

　上記により、**専門教育の科目の学習成果を必履修科目の履修に代替した場合**は、該当する専門教育に関する各教科・科目の「備考」欄に、「**必履修科目〇〇に代替**」と記入し、代替に係る普通教育に関する各教科・科目名、単位数を明記する。

＜専門学科の「情報処理」の履修により、必履修科目「情報Ⅰ」の履修を認めた場合の記入例＞

各教科・科目等		第１学年			備　　考
教科等	科目等	観点別学習状況	評定	修得単位数	
商業	情報処理	ABB	4	2	必履修科目「情報Ⅰ（2単位）」に代替

(b)　学校教育法施行規則第 97 条に基づき、**他の高等学校等において修得した一部の科目の単位について、生徒の在学する高等学校における全課程の修了を認めるに必要な単位数に加えることを認める場合**

　学校間連携として、高等学校間における単位互換制度を導入することで、自校には設けられていない専門教科・科目や他校の学校設定教科・科目などの履修が可能となり、生徒の選択の幅を拡大することができる。

　上記により、**他の高等学校又は中等教育学校の後期課程において修得した単位数を自校の単位として認定**

学校教育法施行規則第 97 条。〔巻末参照〕

生徒の選択履修の幅を拡大する観点から、生徒の多様な実態に対応した教科・科目の開設が困難な場合、学校間で取り交わした規定に基づき、生徒に他の高等学校の教科・科目を受講する機会を与え、その学習の成果を自校の教科・科目の単位として認めるものである。

した**場合**は、当該科目の「備考」の欄に「○○高等学校との連携により修得」と記入する。その際、連携協力校において認定された単位数及び観点別学習状況と評定を参考に、自校の科目として単位数及び観点別学習状況と評定を認定する。

<他校で履修した「プログラミング」を単位認定した場合の記入例>

各教科・科目等	第3学年				備　考
教科等	科目等	観点別学習状況	評定	修得単位数	
商業	プログラミング	BBB	3	2	○○高等学校との連携により「プログラミング（2単位・評定3）」修得

また、この制度は、同一の高等学校に置かれている課程間の併修についても適用される。なお、後述の(e)に示す定通併修による単位認定については、本制度の対象外である（p.75参照）。

同一の高等学校に置かれている全日制・定時制・通信制の課程相互の併修により修得した単位数を在籍する課程の修得単位として認定した場合には、当該科目の「備考」の欄に「○○制課程との併修により修得」と記入する。その際、連携課程において認定された単位数及び観点別学習状況と評定を参考に、自課程の科目として単位数及び観点別学習状況と評定を認定する。

⊕学校名、課程名、認定した単位数、評定、履修した科目名及び履修単位数を記入。

⊕学校間連携及び学校外学修で自校の単位として認められる単位数の上限は、合わせて36単位までとなっている。

⊞学校教育法施行規則第99条。〔巻末参照〕

⊕学年ごとに単位数の上限を決めている学校もある。

⊕当該学年、課程名、認定した単位数、履修した科目名及び履修単位数を記入。

⊞学校教育法施行規則第98条。〔巻末参照〕

(c) 学校教育法施行規則第98条に基づき、**大学等における学修、知識及び技能に関する審査に係る学修、ボランティア活動その他継続的に行われる活動に係る学修等について、生徒の在学する高等学校における科目の履修とみなし、当該科目の単位を与える場合**

　上記により、校長が、**大学、高等専門学校、専修学校（高等課程・専門課程）等における学修を高等学校における科目の履修とみなし単位を与えた場合**は、当該教科・科目名を記載し、その「備考」の欄に「大学における学修」「高等専門学校における学修」等と記入し、履修した科目名と単位数を明記する。

◆高大連携を実施している場合等において、大学で学んだ科目を自校の単位として認定するもの。

<高大連携で単位認定した場合の記入例>

各教科・科目等		第3学年			備　考
教科等	科目等	観点別学習状況	評定	修得単位数	
学校設定「総合」	学校設定「大学研究」			2	大学における学修 3学年で○○大学において「考古学入門（2単位）」を科目履修

◆大学名、当該学年、認定した単位数、履修した科目名及び大学での履修単位数等を記入。

　また、**専修学校における学修を自校の単位として認定した場合**は、当該科目の「備考」の欄に「専修学校等における学修」と記入する。

　専修学校における学習はそれ自体独立したものではなく、高等学校における科目全体の教育計画の一環に位置づけられた補完的なものである。校長は、専修学校での学習が教育上有益と認められる場合には、自校

◆専修学校から提出された資料に基づき、専修学校における履修と自校における履修とを合わせて評価し、自校の科目の単位として認定する。

の教育課程に位置づけられている科目の一部の履修として専修学校での履修を認めることができる。

同様に98条により、校長が、生徒の**知識及び技能に関する審査に係る学修を高等学校における科目の履修とみなし、単位を与えた場合**は、技能審査に合格した学年の欄に認定単位数を記入し、当該科目の「備考」の欄に技能審査名と合格級、学年を記入する。

対応する科目の履修期間中に技能審査に合格した場合は、増加単位の認定時期は対応する科目の単位の認定時となるので、科目の修得単位数と技能審査による増加単位数を合わせて記入し、科目の観点別学習状況と評定は対応する科目の学習成果をもとにする。また、対応する科目を履修・修得した翌年度以降に技能審査に合格した場合は、増加単位数のみを修得単位数の欄に記入し、観点別学習状況と評定の欄は空欄となる。

ただし、高等学校の単位として認定する以上、知識及び技能に関する審査であれば全てが該当するというわけではなく、高等学校教育に相当する水準を有すると校長が認めたものに限られる。

- ⊕一定の技能審査に合格した場合、その技能審査と対応する科目の履修をさらに深めたものとみなし、単位数を与えることができる。

- ⊕増加単位として認定できる単位数は、その技能審査の水準を踏まえ、対応する科目の履修を深めたものと評価しうる程度の単位数となる。

＜合格した技能審査を単位認定した場合の記入例＞

各教科・科目等		第1学年			第3学年		備　考
教科等	科目等	観点別学習状況	評定	修得単位数	評定	修得単位数	
国語	現代の国語	AAA	5	2		2	漢検2級合格（3学年）

- ⊕合格した技能審査の名称及び級、当該学年、認定した単位数を記入。

72

また、学校外の学修におけるボランティア活動等の継続的に行われる活動（当該生徒の在籍する高等学校の教育活動として行われるものを除く）に係る学修については、あらかじめ校長が定めた規定に基づき、各教科・科目の単位として認定することができる。具体的には、下記の内容に関する活動で顕著な成果をあげたものに係る学修であり、高等学校教育に相当する水準を有していると校長が認めたものに限られる。

1）ボランティア活動、就業体験、その他これらに類する活動に係る学修
2）スポーツ又は文化に関する分野における活動で顕著な成績をあげたものに係る学修

　学校外の学修として実施されたボランティア活動の成果を単位認定した場合は、当該科目の「備考」欄に「ボランティア活動による単位認定」と記入する。

　就業体験（インターンシップ）の成果を単位認定した場合は、当該科目の「備考」欄に「就業体験等による単位認定」と記入する。

＜ボランティア活動を単位認定した場合の記入例＞

各教科・科目等		第3学年			備　考
教科等	科目等	観点別学習状況	評定	修得単位数	
学校設定「総合」	学校設定「地域活動」			2	ボランティア活動による単位認定（3学年）毎週日曜日に連携先の老人ホームで継続して活動

平成10年文部省告示第41号「学校教育法施行規則の一部を改正する省令等について」による。

実務編②

単位数は活動時間等を基準に定める。1単位は1750分（50分×35週、45分×39週）が基準となる。

当該学年、認定した単位数、活動等の内容も併せて記入。

(d) 学校教育法施行規則第100条に基づき、**高等学校卒業程度認定試験規則に定めるところにより合格点を得た試験科目に係る学修及び高等学校の別科における学修で2018年版高等学校学習指導要領の定めるところに準じて、修得した科目に係る学修について、生徒の在学する高等学校における科目の履修とみなし、当該科目の単位を与える場合**

あらかじめ校長が定めた規定に基づき、在学中又は入学前の高等学校卒業程度認定試験の合格科目（従前の大学入学資格検定の合格科目を含む）に係る学修について、それに相当する高等学校の科目の履修とみなし、当該科目の単位として認定することができる。

高等学校卒業程度認定試験の合格科目を高等学校の各教科・科目の単位として認定した場合は、当該科目の「備考」の欄に「令和○○年度高等学校卒業程度認定試験合格」と記入する。その際、該当する科目の観点別学習状況と評定の欄は空欄にし、「修得単位数」には学校の定める単位数を記入する。

＜高等学校卒業程度認定試験に合格した科目を単位認定した場合の記入例＞

各教科・科目等		第3学年			
教科等	科目等	観点別学習状況	評定	修得単位数	備　考
理科	化学基礎			2	令和○年度高等学校卒業程度認定試験に合格（3年次）

学校教育法施行規則 第100条。〔巻末参照〕

入学前に合格した科目（従前の大学入学資格検定の合格科目も含む）も対象とすることができる。

文部科学省が発行する科目合格の証明書の写しを添付する。

在学中又は入学前の高等学校の別科における学修を高等学校の各教科・科目の単位として認定した場合は、当該科目の「備考」の欄にその旨を記入する。

別科における修得状況を明確にする文書を添付する必要がある。

(e)　高等学校通信教育規程第12条第1項に基づき、**通信制の課程の生徒について、その在学する高等学校の定時制の課程又は他の高等学校の定時制の課程若しくは通信制の課程において一部の科目の単位を修得したときに、それを生徒の在学する通信制の課程の全課程の修了を認めるに必要な単位数に加えることを認める場合（同第2項による場合も同様とする）**

高等学校通信教育規程第12条。〔巻末参照〕

上記により、通信制課程の生徒が当該高等学校の定時制課程又は他校の定時制課程や通信制課程で修得した科目を単位認定した場合、また定時制課程の生徒が当該高等学校の通信制課程又は他校の通信制課程で修得した科目を単位認定した場合は、当該科目の「備考」の欄に「定通併修により修得」と記入する。その際、連携協力校において認定された単位数及び観点別学習状況と評定を参考に、自校の科目として単位数及び観点別学習状況と評定を認定する。

定時制課程の生徒が他の定時制課程で修得した科目の単位を認定する場合は、学校間連携となる。

実務編②

＜定通併修で単位認定した場合の記入例＞

各教科・科目等		第3学年			備　考
教科等	科目等	観点別学習状況	評定	修得単位数	
情報	マルチメディア		4	2	○○高校（通信制）との定通併修により修得（3年次）

学校名、課程名、当該学年、認定した単位数、履修した科目名及び履修単位数を記入。

② その他の単位認定の特記事項

(a) 「実務等」の成果を単位認定した場合

　　2018 年版高等学校学習指導要領第 1 章第 2 款 3（7）エ（ウ）に基づき、**定時制及び通信制の課程において、職業に関する各教科・科目を履修する生徒が、現にその各教科・科目と密接な関係を有する職業（家事を含む。）に従事している場合で、その職業における実務等が、その各教科・科目の一部を履修した場合と同様の成果があると認められるとき**は、その実務等をもってその各教科・科目の履修の一部に替えることができる。

　　上記により、各教科・科目の一部に替えた場合は、当該科目の「備考」の欄に「実務等」と記入する。

（b） 「技能連携」での学習成果を単位認定した場合

　　定時制課程または通信制課程に在籍している生徒が、学校教育法第 55 条及び技能教育施設の指定等に関する規則により、**技能教育施設において連携措置に係る各教科・科目を履修した場合**は、当該科目の「備考」欄に「技能連携による単位認定」と記入する。

　　なお、生徒の学習状況を把握するためには、当該施設から学習に関する資料等の送付を受けるなど、適切な方法を考えておく必要がある。

（c） 「過去に在学した高校」の修得単位を認定した場合

　　過去に在学した高等学校において修得した教科・科目の単位について自校の単位として設定する場合は、成績証明書等により判明している修得単位数を記入し、備考の欄に「〇〇高校で修得」など、その旨を記入する。

➕当該学年、認定した単位数及び実務の内容も併せて記入。

🔖学校教育法第 55 条。〔巻末参照〕

➕当該学年、認定した単位数、技能教育施設名及び学習等の内容も併せて記入。

➕成績証明書等の根拠となる文書を添付しておく。

【11】 その他

① 単位制による課程の場合の記入について

単位制による課程の場合においては、単位制の課程の特色にふさわしい様式となるよう、「各教科・科目等の学習の記録」の欄の年度ごとの欄を、学期ごとに区分けしたり、学年を年度にしたりするなど、工夫することができる。

② 原級留置になった生徒の場合の扱いについて

学年制の課程では、学年ごとで進級の認定を行っており、通常、各学年で定められた進級認定に必要な単位数を修得できなかった場合は原級留置となる。このような場合、各教科・科目の学習の記録に関しては、認定されなかった科目の評定の欄は「1」と記入し、観点別学習状況の欄は相応の評価を記入する。修得単位数は「0」と記入するか、もしくは斜線を引く。また、履修そのものが認められなかった場合は、観点別学習状況の欄も評定の欄も空欄となる。

原級留置後、次年度は新たな指導要録を作成し、その前の指導要録と併せて用いる。

🔲【10】以外にも記録が必要な事項は「備考」に記入しておく。

🔲第2章2. 記入の実際（2）【4】修得単位数の欄参照。⇒ p.62 ～ 63

🔲原級留置は学年制の学校では「原学年留置」という場合もある。

🔲原級留置となった場合、学年制の学校では改めて当該学年の同一科目を履修する。

🔲生徒が原級留置を望まず退学した場合や原級留置後の学年途中で退学した場合には、前年度に修得した各教科・科目の単位数や評定はそのまま有効となる。

実務編②

（3）　総合的な探究の時間の記録

　従前の記入欄は〈学習活動〉と〈評価〉の欄に分けられていたが、今次の指導要録「総合的な探究の時間」（以下「総合の時間」とする）の記録欄には、新たに〈観点〉の項目が加わった。

　〈学習活動〉とは、各学校が定める「目標」と、「内容」（「目標を実現するにふさわしい探究課題」と「探究課題の解決を通して育成を目指す具体的な資質・能力」）との関連において生み出されるものを指しており、単元とほぼ同義である。

　また単元については、「課題の解決や探究活動が発展的に繰り返される一連の学習活動のまとまり」と定義されている。

　実際の〈学習活動〉の欄に、これらを全て盛り込むことは難しい。そこで〈学習活動〉には、生徒共通の「目標を実現するにふさわしい探究課題」や学習事項を書く。

　もう一つの「内容」の要素である「探究課題の解決を通して育成を目指す具体的な資質・能力」は、学校が独自で〈観点〉を作成する際の素地となるものなので、次のように〈観点〉の欄に申し送るとよい。

　〈観点〉は、以下の手順で作成できる。

　まず、『改善等について（通知)』の『別紙5』に示された総合の時間の〈知識・技能〉〈思考・判断・表現〉〈主体的に学習に取り組む態度〉の趣旨と、各学校で定めた総合の時間の目標や、「探究課題の解決を通して育成

■〈学習活動〉については、2018年版高等学校学習指導要領解説総合的な探究の時間第7章第1節2全体計画と年間指導計画、第8章第3節1単元計画の基本的な考え方を参照。

■〈観点〉作成の詳細は、国立教育研究所『「指導と評価の一体化」のための学習評価に関する参考資料総合的な探究の時間』を参照。

を目指す具体的な資質・能力」の細目（①各学校におけ
る育成を目指す資質・能力②他教科等で育成を目指す資
質・能力との関連③地域や社会との関わり）が、それぞ
れ対応していることを確認する。

　その上で、学校で定めた①の文末を「～している、～
を身に付けている、～に気づいている」などとすれば、
〈知識・技能の観点趣旨〉になる。

　学校で定めた②の文末を「～している」などに改めれ
ば、〈思考力、判断力、表現力の観点趣旨〉になる。

　学校で定めた③の文末を「～しようとしている」など
に設定すれば、〈主体的に学習に取り組む態度の観点趣
旨〉になる。

　最後に、記入スペースを勘案して、これらの各文を精
選して簡素化したり、要点を「○○力」などの端的な表
現に換言したりすれば、「内容のまとまりごとの評価基
準」ができる。

　〈評価〉は、〈観点〉に対応した具体的な文章表記とな
る。

　総合の時間の特質でもある、「俯瞰して対象を捉え、探
究しながら自己の在り方生き方を問いつづける」視点や
考え方の深化を見取るには、生徒個人の変容や成長を積
極的に評価する姿勢が必要である。同時に、探究の過程
を通して生成された成果物やパフォーマンス等について、
研修の機会を設け、生徒の実態に応じた基準や妥当性を
検討し、改善の工夫が求められる。

［💻］『別紙5』「2.　総
合的な探究の時間
の記録」を参照。

▶記入文例参照。
⇒ p.80 ～ 87

実務編
②

［⊕］ここでの「内容」
とは、探究課題ご
とに基づいて育成
を目指す資質・能
力をさす。従って、
年間指導計画上、
複数探究課題が設
定されている場合
は、それぞれの評
価基準が作成され
なければならない。
しかし、実際の記
入欄を考慮した場
合、厳選して書か
ざるをえないだろ
う。

【「国際理解」に関すること】

学習活動	シリア難民問題について興味を持ち、グループで調査研究をした。国際 NGO の勉強会に参加するなど意欲的に取り組み、ポスター発表ではグラフや写真を活用し、日本国内でできる支援内容に関して説得力をもって説明をした。
観点	・国際的な問題に関する知識を身につけている ・考察、分析した内容を、筋道立て説明している ・国際社会との関わりのなかで、自らの役割を果たそうとしている
評価	国際 NGO との交流で刺激を受け、難民問題について自分事として認識することができた。作成したポスターではグラフ、写真を駆使しわかりやすくまとめた。発表のおかげで、生徒間に支援の輪を広げたいという機運を醸成した。

学習活動	アフリカ諸国の食料問題についての提言を発表した。地理的に厳しい環境、小規模農家が大部分を占めている農業の現状などの分析から、作物の長期保存を可能にする貯蔵袋の開発や実現化するための手立てについて、財源や教育の観点も含め論じた。
観点	・世界的な食糧問題に関する情報収集力 ・仮説検証を経て、解決策を講じる力 ・国際社会において、自分自身の生き方・あり方を考える力
評価	物質支援ではなく、農業技術や保管法の改善などの方策が真の貢献であることを認識した。インターネットを用いた寄付制度構築など具体的な解決策を考案し、自らも問題解決に向け、国際協力機関に加わることを真剣に考えている。

【「情報」に関すること】

学習活動	「STOP！悪質情報拡散」 ・いたずら・迷惑行為を SNS で拡散することにともなう諸課題 ・過去の事例や原因、法的責任や防止策をスライド発表、論文作成 ・近隣の小売店や飲食店向けのパンフレット作成、配布
観点	・SNS を用いた情報拡散についての負の面を理解している ・誰もが拡散の加担者側になるという危険性を警告し、共有している ・問題解決に向け、周辺社会に対し解決策を発信している
評価	いたずら・迷惑行為に対する訴訟事例を用いて SNS 利用の注意点を整理したので、説得力ある発表や論文となった。また、遭遇してしまったときの対処法も紹介し、SNS の影響力の大きさ、有益な利用法について、情報共有することができた。

学習活動	インターネットを介した、悪質なローンに若者が飛びついている現状、返済にあたり個人情報が拡散されるリスク、効果的な防止策などを、オリジナルの動画にまとめて上映した。その動画は警察署や国民生活センターにも届けた。
観点	・情報社会の諸課題から自ら問いを見出している ・論理的な分析に基づいてまとめ、表現している ・将来のリスク回避について、啓発的な提案をしている
評価	拡散された個人情報は永遠に消えることがないことを、自らも理解すると同時に、今後の人生における将来設計・資金管理について、生徒一人ひとりに自覚を促すことができた。テロップやナレーションなど細部に工夫を凝らした動画を編集・作成する技術を身につけた。

【「環境」に関すること】

学習活動	「レジ袋有料化」の現状と影響について、調査し、図表を交えてポスターにまとめ発表した。文献による調査に加え、実際に複数の店舗やその利用客にもインタビューをして現状と課題をまとめた。
観点	・文献調査、現地調査の手法を身につけている ・物事のメリット・デメリットを比較する能力を向上させている ・持続可能な社会を実現するために行動しようとしている
評価	現地調査に関しては、自ら関係者に話を聞き、アンケートも200人以上から回答を得ており、具体性のある発表ができた。レジ袋の問題からプラスチックごみについての議論に発展させ、生徒一人ひとりの環境認識をより高次なレベルまで引き上げた功績は大きい。

学習活動	「資源利用の見直しと改善」 ・電力や水道の使用量の経年変化調査 ・身近な対応策の策定 ・スライド、論文による発表
観点	・データを収集し分析する能力 ・仮説を立て、論理的な分析に基づいてまとめる力 ・グローバルな視点で物事を考える姿勢
評価	学校の事務室や複数の家庭に協力を依頼し、電気・水道使用量の月別変化から傾向を探った。分析結果に基づいた効率的なエコ対策は、身近でありながら、世界規模で環境に負担をかけない資源の利用を促す啓発となった。

【「健康・福祉」に関すること】

学習活動	東南アジア諸国の肥満問題に関する調査研究を行った。偏った食生活を原因と突き止め、日本の給食制度及び食育の普及促進という提言にまとめるとともに、スライドでわかりやすく説明した。そのレポートは各国大使館にも届けた。
観点	・食についての情報や知識を獲得している ・健康的な生き方に対する価値を理解している ・他者や社会に対する貢献意識が向上している
評価	問題意識が明確で意欲的に研究した。発表では給食制度を世界に広めていきたいという意識を高めた。同時に日本の食習慣の価値を再認識し、わかりやすく説明することにより、多くの生徒が自らの問題として捉えるようになった。

学習活動	鉄道各社のバリアフリー化について調査研究を行った。福祉施設の助けも得て、駅構内や電車内におけるバリアフリー化に関して独自の評価観点を作り、スライドや論文にしてまとめた。鉄道各社に送付し、更なる改善を請願した。
観点	・障がい者の視点で物事をとらえられる力 ・一定の基準を設定し、比較検討する能力 ・多様性を理解し、社会を設計しようとする心構え
評価	福祉事務所や市役所を精力的に訪問し、バリアフリー化は障がい者のみならず、健常者の利益にもなることを理解できる実証的な研究となった。多様な人々が暮らしやすい社会の実現に向けて、社会基盤工学への道を志している。

【「地域」に関すること】

学習活動	地域の昔話を高齢者から聞き取り、子どもたちに伝えようと紙芝居を制作して近隣の幼稚園を訪問した。生徒は手作りの名札を身につけ、お互いの名前を呼び合い交流を深めた。この活動をきっかけに、幼稚園や児童館でボランティア活動をするようになった。
観点	・地域の伝統文化の伝承と高齢者と交流する力 ・子どもとのコミュニケーション能力 ・職業や自己の進路を模索する力
評価	昔話の聞き取り調査を通して、地域の慣習や特色を知ることができた。地域の昔話を子どもたちに伝えるために紙芝居を制作し、子どもたちに興味をもたせた。発達段階に応じた目線で接することの大切さを学び、幼児教育に携わりたいと考えるようになった。

学習活動	学校周辺の名所・旧跡を訪れ、地域の歴史や文化・産業について調査研究を行った。調査内容はパワーポイントにより発表した。また、各場所にちなんだクイズを作って冊子にまとめ校内で配布した。
観点	・地域のなかにある学校の在り方について考えようとしている ・地域活性化に向けた活動を積極的に検討している ・目標に向け、仲間と協働的に活動している
評価	調査に当たり、市内図書館や郷土資料館などを利用したり地域の人々に聞き取り調査を行ったりした。班員がそれぞれ役割分担を行い協働的に取り組んだ調査結果は、本校生徒が地域に興味関心をもつきっかけとなった。名所・旧跡クイズは校内で話題となり、新聞でも紹介されるなど地域活性化に貢献した。

【「進路・キャリア」に関すること】

学習活動	探究課題は「キャリア研究」。教師を目指している仲間と共に大学を調べ、オープンキャンパスに参加した。過去に起こったいじめ問題の原因と学校の対応について話し合い、多様な意見と自分の主張を比較したレポートを作成した。
観点	・進路に関する知識を身につけ情報を整理している ・関連するテーマについて自分で課題を立てて考察している ・多様性を理解しながら未来を創成していこうとしている
評価	教職課程の充実した大学を比較し、自分の適性に合った大学を第一志望にすることができた。また、いじめの社会的背景や人間関係に関する本を読んだことで、望ましいクラス運営を実践する教師の取り組みを自分事として考える姿勢が身についた。

実務編②

学習活動	「10年後の自分を探索する」という探究課題で、「自立」をテーマに設定した。クラスの生徒に質問紙調査を実施したところ、住まいに必要な資金や契約に対する意識が薄いことがわかった。そこで、一人暮らしに必要な知識と準備計画を立案して発表した。
観点	・基本的な知識とシミュレーション能力 ・法的思考力（リーガルマインド）の醸成と情報収集力 ・地域社会における人間関係形成力
評価	独立時に必要な経費を試算し、家計管理の重要性を認識することができた。アンケートを分析し、賃貸借時の契約に関するトラブルをQ&A方式で整理した。また、発表の際には集合住宅におけるマナーにも言及し、生活する住民として果たすべき役割を提起した。

【「防災」に関すること】

学習活動	探究課題は「防災」で、過去の災害の被害状況をグループで調べた。被災地の方々とオンライン上で交流し、実際の復興経過について話し合った。防災訓練の体験活動を通して緊急時の対応を身につけた。
観点	・災害時に身を守るための知識と対処法を身につけている ・協働的な学びを通して、問題解決力を向上させている ・自助共助の意識を高め、ボランティア活動に参画しようとしている
評価	避難所で生活した体験談を聞き、女性や社会的弱者に対する視点の必要性に気づき、自校の体育館を想定した避難所運営の企画をグループで発表した。これを機に普通救命講習Ⅰを取得した。

学習活動	「防災」に関する探究課題で、子どもたちが液状化現象の原因を身近に学ぶことができるような発表を教科別に編成した。理科実験班を結成して授業案を作成し、地元の小学生を前にして実際の授業を行った。
観点	・地震に関する知識と実験で証明する技能を修得している ・対象年齢を想定して説明に工夫をしている ・積極的に児童とコミュニケーションをとろうとしている
評価	米が入ったプラカップにピンポン玉を沈め、上にビー玉を置き、蓋をして振る実験で、液状化現象の理論をわかりやすく児童に体験させることができた。地面から浮き上がったマンホールの写真を紹介し、地震の揺れの影響について理解を深めさせることができた。

【「その他」に関すること】

学習活動	「かけがえのない命」という探究課題から、食の安全性をテーマに選んだ。夏休みに地元の有機農家を訪ねて体験活動をグループで行った。その様子を撮影して発表会で紹介し、自ら考案したインターネットによる持続可能な販売計画を報告した。
観点	・課題の発見力 ・体験から学び実践する力 ・SDGs の観点による未来への提言力
評価	探究課題の知識を深めるために『沈黙の春』を読み、輸入野菜の農薬残留や遺伝子組み換えに関心を寄せていた。農家の雑草駆除と無人販売所の陳列を手伝った経験をもとに、収穫物を食卓に届けるための方策を考案し、SGDs の番号を複数つないで説明できた。

学習活動	探究課題「教育・保育」における個人研究では「幼児が親しむ音楽」という研究テーマに取り組んだ。幼児番組で歌われたオリジナル楽曲を 100 曲分析した。2 歳の妹が視聴する反応を映像に収め、半年間の成長を見取った結果をレポートにまとめた。
観点	・幼児の発育について理解しようとしている ・ICT を用いて情報を活用し、整理しようとしている ・主体的な姿勢で調査及び分析をしようとしている
評価	それぞれの楽曲では民族音楽を取り入れ、歴代の歌のお兄さんお姉さんが高度な歌唱法を駆使していることがわかった。視聴時の妹の表情は、長調と短調では異なるので、早期から音感が発達していることを示唆できた。また直に歌って聞かせると、より早く反応することから、家族のコミュニケーションの重要性についても言及した。

（4）　特別活動の記録

　従前の「特別活動の記録」の記入欄は、学年ごとに記述式の記入欄が設けられていたが、今次の指導要録からはこの記述欄が無くなった。

　『別紙3』によれば、「**特別活動の記録については、各学校が自ら定めた特別活動全体に係る評価の観点を記入した上で、各活動・学校行事ごとに、評価の観点に照らして十分満足できる活動の状況にあると判断される場合に、〇印を記入する**」とされている。

　各学校での評価の観点の決め方については、『別紙3』では「評価の観点については、高等学校学習指導要領等に示す特別活動の目標を踏まえ、各学校において別紙5を参考に定める。その際、特別活動の特質や学校として重点化した内容を踏まえる」と示されている。例えば特別活動における評価の観点及びその趣旨をもとにした例として、「主体的に学習に取り組む態度」を「主体的に生活や人間関係をよりよくしようとする態度」などのように、より具体的に定めることも考えられる、とされている。

　上記の例以外にも、資質能力の視点のなかの「人間関係形成」や「社会参画」「自己実現」等をもとに重点化した例が、国立教育政策研究所の「指導と評価の一体化」等の資料に具体的に示されている。

　各学校では、この資料を参考にして次のような手順を踏んで「評価の観点」とその趣旨、並びに「内容のまとまりごと（ホームルーム活動、生徒会活動、学校行事の3つについて）の評価規準」を作成する。

〔欄外注〕

⊕特別活動の評価についての記述は、指導上参考となる諸事項の中に記載することができる。

📖『別紙5』「3.　特別活動の記録」参照。

📖国立教育政策研究所『「指導と評価の一体化」のための学習評価に関する参考資料』（高等学校特別活動編　令和3年8月）参照。

＜評価の観点及び評価規準の作成手順＞

①学習指導要領の「特別活動の目標」と『改善等について（通知)』を確
　認する。
②上記及び自校の実態を踏まえ、『改善等について（通知)』の例示を参
　考に、特別活動の「評価の観点とその趣旨」を設定する。
③学習指導要領の「各活動・学校行事の目標」及び学習指導要領解説特
　別活動編（平成30年7月）で例示された「各活動・学校行事における
　育成を目指す資質・能力」を参考に、各学校において育成を目指す資
　質・能力を重点化して設定する。
④【観点ごとのポイント】を踏まえ、「内容のまとまりごとの評価規準」
　を作成する。

＜高等学校生徒指導要録（参考様式）様式2（第2学年）の記入例＞

特　別　活　動　の　記　録					
内容	観点　　　　学　年	1	2	3	4
ホームルーム活動	よりよい生活を築くための知識・技能	○	○		
生徒会活動	集団や社会の形成者としての思考・判断・表現				
	主体的に生活や人間関係をよりよくしようとする態度				
学校行事	（　余白　）		○		

　全学年で共通した、各学校で定めた評価の観点を記入することと、評価の
観点の変更がある場合を想定して、余白を取っておくことに注意する。

<観点の記入例>

「『指導と評価の一体化』のための学習評価に関する参考資料」には、以下の5つの観点例が示されている。

①特別活動における「評価の観点」及びその趣旨をもとにした例（2例）

知識・技能	思考・判断・表現	主体的に学習に取り組む態度
よりよい生活を築くための知識・技能	集団や社会の形成者としての思考・判断・表現	主体的に生活や人間関係をよりよくしようとする態度
自己と集団の生活を充実させるための知識・技能	集団や社会の形成者としての思考・判断・表現	主体的に人間としての在り方生き方を設計しようとする態度

②特別活動における資質・能力の視点（人間関係形成）を重点化した例

知識・技能	思考・判断・表現	主体的に学習に取り組む態度
互いの可能性を生かす関係をつくるための知識・技能	協働してよりよい集団生活を築くための思考・判断・表現	主体的に多様な他者と関係を深めようとする態度

③特別活動における資質・能力の視点（社会参画）を重点化した例

知識・技能	思考・判断・表現	主体的に学習に取り組む態度
集団や社会の一員として活動するために必要な知識・技能	集団や社会の課題を解決するための思考・判断・表現	よりよい集団や社会の形成に向けて主体的に自己を生かす態度

④特別活動における資質・能力の視点（自己実現）を重点化した例

知識・技能	思考・判断・表現	主体的に学習に取り組む態度
将来の自己と学びを結びつけて行動するために必要な知識・技能	人間としての在り方生き方をよりよいものにするための思考・判断・表現	主体的に人間としての在り方生き方を選択・実行しようとする態度

（5）　総合所見及び指導上参考となる諸事項

　この欄には、生徒の成長の状況を多面的・総合的にとらえ、良さや可能性を進んで評価して記入する。

　その際、当該生徒のかけがえのない特性を、他の生徒との比較ではなく、その生徒個人の長所や進歩の状況等を中心に据えて評価していくという姿勢が求められる。

　なお、生徒の成長の状況を総合的にとらえるため、『改善等について（通知）』の『別紙3』では、具体的な記入事項として次の8項目が示されている。

① 各教科・科目や総合的な探究の時間の学習に関する所見

② 特別活動に関する事実及び所見

③ 行動に関する所見

④ 進路指導に関する事項

⑤ 取得資格

⑥ 生徒が就職している場合の事業所

⑦ 生徒の特徴・特技、部活動、学校内外におけるボランティア活動など社会奉仕体験活動、表彰を受けた行為や活動、学力について標準化された検査に関する記録など指導上参考となる諸事項

⑧ 生徒の成長の状況にかかわる総合的な所見

　ただ、ここで示された文部科学省の様式は、その大枠を例示しているものであり、基本の様式や作成上の留意事項を定めるのは所管の教育委員会である。したがって、各教育委員会から発出されるガイドライン等に則った様式・記入方法・内容にしていく必要がある。

　本書では、基本的に文部科学省の様式に従いながら、

■指導要録の様式等の決定権は、地方教育行政法第23条により、所管の教育委員会にあるとされている。〔巻末参照〕

実務編②

情報収集や記入のしやすさ等を考慮に入れ、項目のいくつかを細分化した。そこで、この欄については以下の10項目を記入事項として提案している。

【1】 各教科・科目や総合的な探究の時間の学習に関する所見

【2】 特別活動に関する事実及び所見

【3】 行動に関する所見

【4】 進路指導に関する事項

【5】 取得資格・検定等

【6】 部活動、学校内外におけるボランティア活動、留学・海外経験等

【7】 表彰・顕彰等の記録

【8】 趣味・特技に関する所見

【9】 生徒が就職している場合の事業所

【10】 その他の総合的な所見

上記以外にも、次のような場合には、この欄を利用して記入する。

ア、学校設定教科に関する科目のうち、数値的な評価になじまないものの場合は、観点別学習状況の評価や評定は行わず、所見等を端的に記述する

イ、学年途中で「休学」「退学」「転学」「転籍」等の事由が発生した生徒の場合の評定で、学年途中のため5段階で表せない場合

ウ、休学の場合で、指導上、休学の事由を明記

♥左記のような記入に際しては、個人情報の保護及び教育的配慮について十分に検討し、記入事項の精選に努める。

92

する必要がある場合

エ、教科・科目で未履修になった場合（必要に
応じて当該教科・科目名と未履修になった事情
等）

オ、原学年に留め置かれた生徒の留め置かれた学
年・年月日・事由等（該当の年度の指導要録
に記入する）

カ、変更事項が発生した場合（事由を記入してお
く必要がある場合）

キ、その他、指導上必要となること

《記入上の注意等》

　この欄の記録は広範囲にわたり、また弾力的に記入で
きるようになっている。それだけに、記入上の留意すべ
き点も多数あるので、以下①～⑧のように示しておく。

①生徒の優れている点や長所を積極的に見出して、以前
　よりも進歩した状況などを取り上げるように留意する。

②ただし、生徒の努力を要する点などについても、その
　後の指導において特に配慮を要するものがあれば端的
　に記入することも求められる。

③障害のある生徒のうち、通級による指導を受けている
　生徒については、通級による指導を受けた学校名、通
　級による指導の単位数又は授業時数、指導期間、指導
　の内容や結果等を端的に記入する。

④通級による指導の対象となっていない生徒で、教育上
　特別な支援を必要とする場合については、必要に応じ、
　効果があったと考えられる指導方法や配慮事項を端的
　に記入する。

❤「配慮を要する」
と判断する際には、
担任自身の目に
「バイアス」がか
かっていないか等
を省みることも大
切である。

なお、③④に該当する生徒について個別の指導計画を
作成している場合、当該指導計画において上記に関わ
る記載がなされている場合には、その写しを指導要録
の様式に添付することをもって指導要録への記入に代
えることも可能である。

⑤この欄に関しては、「文章で箇条書き等により端的に記
述すること」や「精選して記述する」等の表現で、記
入に際しての留意事項が強調されている。

　教師の勤務負担軽減の観点から、その記載事項を必要
最小限にとどめることや、記述の簡素化を図るように
配慮することが求められている。

⑥「端的に」「精選して」とはいえ、生徒の成長ぶりや成
果を上げた事柄等については、心を込めた記述に努め
たい。

⑦指導上の配慮を必要とする生徒に関しては、次年度へ
の確実な引き継ぎが大切である。指導要録作成の目的
の一つでもある。

　そのためにも、日常的な観察・面談・記録を欠かすこ
となく、そして教員同士の情報交換にも力を注いで、
客観的かつ正確な記述にしていく。

⑧この欄の記載内容は個人情報そのものである。したが
って、情報収集の制限・利用の制限・適正な管理・管
理責任の明確化等々、その取り扱いの原則を各学校は
事前に協議して定めておくことが必要である。

📖『別紙3』参照。

✚多角的・総合的な
視点からの記述が
求められるので、
校内の多様な立場
にある教師との連
携を大切にしたい。

【1】 各教科・科目や総合的な探究の時間の学習に関する所見

　各教科・科目や総合的な探究の時間の学習に関する所見としては、次のような観点で記述する。その際、生徒の特性を正しくとらえ、できる限り具体的、かつ端的に記述できるよう努力する。生徒の「興味・関心」「学習方法・学習スタイル」「学習の習熟の程度」「生活経験・生活背景」「進路希望」等をおさえるとよい。

---

① 当該生徒の比較的優れている点など、各教科・科目や総合的な探究の時間の学習全体を通して見られる生徒の特徴に関わる所見

② 学習に関する努力、学習意欲、学習態度等、生徒の日常の学習状況に関わる所見

③ 当該学年において、その当初と学年末とを比較し、総合的に見て学習の進歩が著しい教科・科目がある場合、その状況に関わる所見

④ 学習を進める上で、特別の配慮を行った場合、その状況に関する所見

　また、「特記すべき事項」としては、特別な配慮事項や学習に影響を及ぼすような生徒の健康状況に関することを記入することになるが、学校教育法施行規則や学習指導要領等を根拠に、指導上特別の配慮を行った場合に、その状況等を記入する。その際、プライバシー保護の観点、教育的な配慮の観点から、記録する内容の精選には十分に配慮する必要がある。

学校教育法施行規則第54〜56条（高等学校は第85条等で準用）〔巻末参照〕

2018年版高等学校学習指導要領第1章第5款1（6）、2（1）、5（12）参照。

＜記入文例＞

①日常の学習状況に関する所見

□休み時間には次の教科の準備を机上にそろえ、他の生徒の模範となっている。

□話を聞いてメモにまとめる力に優れており、ノートやタブレットに図式化して構成することができる。

□使い切ったノートと新しいノートを合本にして、既習事項をいつも手元に置き、授業時に確認している。

□道具の片付けなど、人がやりたがらないことも進んで行う。

□指先が器用で、細かい作業や複雑なキー操作を難なくこなすことができる。

□自ら問題点を見つけ出し、解決しようという意欲あふれた学習姿勢が見られる。

□教科書や資料集をよく見て、疑問や不明に思った点を調べて解決しようとしていた。

□課題を探究する過程で収集した資料を、適切に選択しながら判断することができた。

□授業の開始時と終了時に、大きな声で号令の指示を出して授業を引き締めた。

□部活動がない日の放課後には、図書館で学習する習慣が身についている。

□日頃から健康管理に配慮しており、授業を休むことがない。

□学習時間計測アプリを活用して、捻出した勉強時間の傾向を定期的に振り返っている。

■「寡黙であるが、最後まで係の仕事をやり遂げた」

♥寡黙なことは必ずしも欠点ではない。生徒の長所が具体的にわかるよう、表現を検討した上で、例を付け加えるなどの配慮が必要。

②学習の進歩が著しい教科・科目に関する所見

□元オリンピック選手の講話で聞いたタイムマネジメントを取り入れ、得意・不得意に関係なく多くの科目の成績を向上させることができた。

□数学の基本事項の復習に毎日取り組んだ結果、苦手意識を克服し、友人に教えることができるようになった。

□２年秋以降、学習のコツをつかむことができ、英単語などの小テストの点数の伸びが著しい。

□民族音楽に関心があり、海外の音楽を積極的に聴き比べた結果、音楽のみならずリスニング力も向上した。

□KP法で発表の構成を鍛えることができたので、世界史の論述問題を得意とするようになった。

□簿記検定試験対策のため、友人を誘って放課後に残って勉強したので、高得点で合格することができた。

□ディベートの授業では、メンバーと協働して論理を構築した。その体験から人前でも落ち着いて表現できる力がついた。

□日ごろから理科を身近な生活と結び付けて考察する姿勢をもっていたので、科学の甲子園出場につながった。

□家庭科や公共の単元で、社会人として必要な知識の学習意義を深く理解し、卒業後の自立に向けて適切に活用しようとする態度を身につけた。

□俳句コンテストで入賞したことが契機となり、授業で催すクラス句会の選者に立候補した。

□保健体育や家庭科で心の健康に興味を抱き、進学先を心理学部に決めると、複数の受験科目に注力した。

NG「自分の行動に自信がもてず、全般的に消極的であり、それが学習の姿勢にも表れている」

OK 欠点に着目した記述はしない。このような生徒こそ自信をもたせる言葉かけで定期的に指導し、長所を見つけ肯定的に記述する。

実務編②

97

③文系科目に関する所見

□読書量が多く、表現力に優れた作文を得意としている。

□漢字の読み書き練習を毎日行った結果、国語の基礎学力が向上した。

□夏の探究課題で樋口一葉の居住跡を探訪し、『たけくらべ』の現代語訳に挑戦した。

□日ごろから新聞に目を通しているので、幅広い知識に基づく小論文を書くことができる。

□教科書に掲載されていないサブカルチャーに関心をもち、その時代背景にも学びを広げている。

□『三国志』を読み、中国の歴史を多様な視点から理解することができた。

□公共の授業で、子どもをめぐる貧困問題を調査し、論文にまとめることができた。

□鉄道への興味から、授業範囲を超えた地理の学習につながった。

□ドキュメンタリー番組の視聴がきっかけで、婦人参政権の歴史を学ぶという明確な進路意識が生まれた。

□倫理の授業で、思想家や哲学者の著作を実際に読み、学習内容を深化させ、自分の知見を広げていた。

□外国人指導員の英語に接し、意欲的に表現することに取り組んだ。

□英語の授業でスピーチを披露し、人前で発表することに自信を得た。

□英語の発声練習において大きく明瞭な声を出し、クラスを引っ張ることができた。

🆖「文系の教科が苦手で、あまり興味を示さない」

💛生徒の弱点だけを取り上げるのは避ける。生徒は多面性をもっているので、特に良い点に着目して長所や成長した箇所を取り上げて記載する。

98

④理数系科目に関する所見

□数学の図形に関する分野に深く興味をもっている。

□計算能力に秀でており、早く正確な暗算ができる。

□数学の演習科目に熱心に取り組んでいて、ノートへの
　解答作成や説明の補足など、緻密で正確な記述をする。

□物理の運動についての実験実習においては、グループ
　をリードして手際よく活動を行うことができた。

□化学の試料の分析実験時などで、正確さと丁寧さが秀
　でていた。

□生物の昆虫分野に関して広く深い知識をもっている。

□近隣の沼の生態系を調べることがきっかけで、生物の
　学習に積極的に取り組むようになった。

□実習では、事後の片付けを率先して行うなど、几帳面
　な態度で臨む姿勢が終始一貫していた。

□地学のレポートでは色彩豊かで詳細な観察図を描き、
　高い評価を得た。

□統計処理について興味関心が深く、コンピュータを活
　用してデータ処理を正確にこなしていた。

□情報の授業で、質の高い学校紹介のマルチメディア作
　品を完成させ、学校見学の際に活用された。

□プログラミングに関心が深く、スマートフォンなどの
　アプリを作ることに長けている。

□農業へのあこがれを抱いて農村留学を体験した。生産
　者と消費者の両者の視点を学び、進路が具体化した。

NG「授業中にノート
　をとらない」

♥短所のみを記載す
　ることは避ける。
　日々の行動を総合
　的にとらえ改善点
　を評価する。

実務編②

99

⑤体育・芸術・家庭系科目に関する所見

□競技の運営やルール、審判法を理解し、勝敗に対して
　公正な態度をとった。

□種目の特性を理解し、お互いに協力し励まし合いなが
　ら練習や競技に参加した。

□自己の能力に応じた目標や課題を設定し、効果的な練
　習や競技の仕方を工夫することができた。

□規則を守りながらスポーツを楽しむ姿勢を身につけた。

□現代人の健康増進や疲労回復について話し合い、活動
　内容をまとめ発表した。

□デッサンした作品を批評し合い、鑑賞力を養った。

□リズム打ちを用いて読譜力を身につけ、楽譜を通して
　表現を深める力がついた。

□素材の特徴を生かして、機能的で美しい木彫りの靴べ
　らを制作した。

□普段の文字の書き癖を把握し、正しく整えた美しい文
　字を書く練習をした。

□環境への関心が強く、地産地消の視点で調理計画を立
　て、健康的な献立を生み出した。

□高齢者の暮らしについて祖父母に聞き取りを行い、家
　族や社会が果たす役割の重要性について考えた。

□衣服の汚れが落ちる科学的な仕組みを理解し、試行錯
　誤をして実験を繰り返し、適切な洗濯方法を考察した。

□未成年者や若年者の消費者被害について、防止や救済
　などを具体的な事例を通して学んだ。

❌「球技は得意では
なく、ミスを恐れ
ボールに触れよう
としない場面が見
られた」

♥否定的なことを書
かないのが原則。
生徒が苦手な事柄
に対して前向きに
取り組めるように、
指導していくのが
教師の役割である。
少しでも良い変化
が見られたら見逃
さないようにする。

⑥総合的な探究の時間に関する所見

□「省エネを実現する町の在り方」を検討するなかで、異なるアイデアのグループと対話することを通して「相互性」という環境問題の本質について理解を深めた。

□「福祉」に関わる学習を進めるなかで、相手の立場に立ち、相手の気持ちに寄り添うことの大切さを理解し、実習では利用者個々の状況に応じた声かけを行った。

□「戦争・平和」に関する意識の地域による格差に興味をもち、本校と旅行先の高校生に対するインタビューを実施し、それをまとめた論文は外部講評者から高い評価を得た。

□地域学習のなかで、理想の商店街と現状を比較することで見出した「子どもの居場所づくり」といった課題設定は、必要感があると同時に独創的なものであった。

□「エネルギー消費」に課題意識をもち、政府等の発表データだけでなく、企業等にインタビューを実施し多様なデータを収集した意欲的姿勢は他の生徒の手本となった。

□「待機児童」に関する個人研究の結果の発表は、当事者意識を踏まえたわかりやすい説明であった。

□「安全な町づくりに向けた防災計画の策定」のグループ学習では、コミュニケーションを積極的に図り、協力しながら課題解決に資する計画を作成した。

□各自治体を丁寧に比較し、地域の課題を明らかにした。

□多くの教科の学びを関連づけながら、探究活動を行った。

🆖「課題の不正提出で一度指導を受けた」

💟この項目では生徒指導歴など生徒の不利になる記述は書かない。生徒指導資料として生徒部などが適切に管理すべきものである。

🆖「自らが母子家庭である経験から探究課題を設定した」

💟生育歴等に関わる個人情報は書く際に注意を払うこと。

実務編②

⑦専門科目に関する所見

□商業簿記への興味・関心が強く、検定にも積極的に取り組み成果を上げた。

□ビジネスに対する心構えを通して、コミュニケーションの意義と基礎的な技術を学んだ。

□工場見学や職場見学を通して、働くことの意義や最先端技術について理解を深めた。

□太陽エネルギーを利用する産業としての農業に強く興味をもっている。

□栽培実習では農場の整備など、毎日の管理をしっかり行った。

□木構造の骨組みについて、伝統的な工法と現代の接合金物による工法を比較しそれぞれの特徴を理解した。

□工業廃棄物の分類を通して、材料の特徴や再利用の方法を学び、班員と協働し環境保全について発表した。

□電気工事の実習では、安全面の配慮を怠らず冷静に取り組んだ。

□看護の実践的・体験的な学習を通して、基本的な技術を身につけ、課題発見に向け主体的に取り組んだ。

□介助を必要とする人と生活環境について、事例を通して学び適切な支援の在り方を検討した。

□地域の活性化を目指し、地元食材を使用した「ご当地グルメ」の研究開発や小学生への料理教室を行うなど、地域活性化に取り組んだ。

□祖母の骨粗しょう症をきっかけに実態調査により問題点を把握し、食事と運動の改善について発表をした。

❌「注意されたにもかかわらず、危険な行為を繰り返した」

❤生徒の不利益になるようなことを書かないのが原則。安全に関する指導ができていないという点で、指導を反省すべき事柄でもある。

⑧定時制・通信制等に関する所見

☐家庭と仕事との両立をはかりながら、遅刻や欠席がほとんどなく積極的に授業参加をしていた。

☐仕事と学業の両立に苦労をしながらも、3年間で卒業するために計画的に単位修得を進めている。

☐中学校時の不登校経験を克服し、ネットの動画投稿など将来の夢を膨らませている。

☐日本以外の国がルーツの生徒たちとの、学びあい活動に積極的だった。

☐毎回の課題提出に意欲的に取り組み、レポート内容の正確さと質の高さが際立っていた。

☐国語の課題で取り組んだスピーチで、第〇回定通弁論大会の代表に選ばれ、優良賞を得た。

⑨その他

＜学校設定教科に関する科目の評価についての記述＞

☐学校設定科目「国際理解」では、興味のある国を選び、書籍や大使館等の様々な情報源から得た内容をレポートにまとめ、パワーポイントを用いて発表した。

☐学校設定科目「コミュニケーションスキル」では、望ましい人間関係の在り方とコミュニケーションの役割について理解し、学校生活に活かした。

☐学校設定科目「地域研究」では、学校周辺の歴史を調べた。活動に協力してくれたNPO団体が作成しているミニコミ誌に投稿し、地域に貢献した。

＜教科・科目で未履修になった場合の記述＞

☐令和〇年度 保健（1単位）未履修（病気療養のため）。

🆖「仕事の疲れで授業中の居眠りが多かった」

❤️生徒の不利益につながることは記載しない。

➕取り組み姿勢や身についた力を積極的に評価して記載する。

❤️不利になる事柄やプライバシーに関する内容の記載には十分な配慮を行うこと。

実務編②

【2】 特別活動に関する事実及び所見

〈特別活動の内容〉

　特別活動は教育課程内の教育活動であり、その内容は「ホームルーム活動」「生徒会活動」「学校行事」の３つで構成されている。

　特別活動の目標は、2018年版高等学校学習指導要領第５章第１「目標」で示されており、育成する資質を具体的に３つ挙げている。

〈記入する内容〉

　今までの特別活動の記録欄は、主な事実及び所見を記述するとされてきたが、今次では従来の小中学校と同様に「各学校が設定した観点を記入した上で、活動・学校行事ごとに、**評価の観点に照らして十分満足できる活動の状況にあると判断される場合に、○印を記入すること**」と変更された。

　国立教育政策研究所「学習評価の在り方ハンドブック」（高等学校編）によれば、○印をつけた具体的な活動の状況等については、「総合所見及び指導上参考となる諸事項」の欄に、簡潔に記述することで、評価の根拠を記録に残すことができるとされている。「総合所見及び指導上参考となる諸事項」には、その趣旨を踏まえた記述が勧められる。

　所見の記入については、生徒個人の優れている点や成長した点、長所などを取り上げることを基本とし、リーダーシップや活動の意欲など、特別活動全体を通してみられる生徒の特徴や著しい進歩の状況などを記入する。

🏫資質・能力については、学習指導要領の「特別活動の目標」(1)(2)(3)参照。

➕○印を付ける基準については、評価の観点と共に、教師間に共通理解が必要である。

➕特別活動の記録欄の○印と、総合所見及び指導上参考となる諸事項欄の記述との関連に留意する。

〈評価の方法〉

　評価は、学校として設定した評価の観点に基づいて行う。

　特別活動の評価の観点は、学校の実態とともに生徒の発達段階に応じて具体化する。評価の基準を設定し、それに照らして生徒の活動状況をとらえていく。

第2章2. 記入の実際 (4) 特別活動の記録参照。⇒ p.88 〜 90

〈記入資料の収集〉

　基礎編の指導要録実務の心得の項でも述べられているように、所見などを記入するためには、日々の資料収集の蓄積が大切になる（p.20 〜 24「日常的な資料の収集」参照）。「評価は一日にしてならず」である。特に特別活動については担任だけでは、生徒の完全な理解は難しい。「ホームルーム活動」「生徒会活動」及び「学校行事」について、生徒一人ひとりの活動を正確で客観的に把握するためには、特別活動の記入資料の収集について、他の教師との情報交換や様々な工夫が必要となる。

　特別活動を含めた一年間の振り返りシートに記入させたものを確認しながら、個人面談を行い、多面的な生徒理解を行うこともよい（p.28「自己評価資料」参照）。資料の確認になると同時に、一対一で話すことにより、教室での生徒とは違った面を発見できることもある。

あとで読んで、その活動記録がどの生徒のものなのか思い出せないような内容ではいけない。

なるべく具体的な事例をあげて、生徒個人を思い出しながら書くとよい。

実務編②

① ホームルーム活動

　ホームルーム活動は、特別活動の目標となる資質・能力を育成するために、活動の意義を理解した上で、生徒が主体的に実践できるように指導する。また、以下の項目は、前出（3）の「総合的な探究の時間の記録」や（5）【4】の「進路指導に関する事項」と重複する部分が多いが、個人の活動を振り返るだけでなく、それが集団活動に与える良い点にも注目する。2018年版高等学校学習指導要領第5章「特別活動」には下記の通り記されている。

⬛第2章 2. 記入の実際（3）総合的な探究の時間の記録参照。
⇒ p.78 〜 87

⬛第2章 2. 記入の実際（5）【4】進路指導に関する事項参照。
⇒ p.125 〜 129

〔ホームルーム活動〕

⑴ 「ホームルームや学校における生活づくりへの参画」

　　ア　ホームルームや学校における生活上の諸問題の解決

　　イ　ホームルーム内の組織づくりや役割の自覚

　　ウ　学校における多様な集団の生活の向上

⑵ 「日常の生活や学習への適応と自己の成長及び健康安全」

　　ア　自他の個性の理解と尊重、よりよい人間関係の形成

　　イ　男女相互の理解と協力

　　ウ　国際理解と国際交流の推進

　　エ　青年期の悩みや課題とその解決

　　オ　生命の尊重と心身ともに健康で安全な生活態度や規律ある習慣の確立

⑶ 「一人一人のキャリア形成と自己実現」

ア　学校生活と社会的・職業的自立の意義の理解

イ　主体的な学習態度の確立と学校図書館等の活
　用

ウ　社会参画意識の醸成や勤労観・職業観の形成

エ　主体的な進路の選択決定と将来設計

＜記入文例＞

【ホームルームや学校における生活づくりへの参画】

□じっくりと考えるタイプの生徒で、周囲に流されずに
自分の意見を述べることができる。またそれに固執す
ることなく、納得すれば周囲と協力する姿勢をもって
いる。

□縁の下の力持ち的存在の生徒である。積極的に発言す
るタイプではないが、常に後片付け、掃除などを丁寧
に行いクラスの信頼を得ている。

□明るい生徒で、話がうまく、上手にクラスの雰囲気を
盛り上げる。行事で緊張しているときにクラスの気持
ちをほぐす力を発揮してくれた。

□気配りのできる生徒で、プリントの配布や収集に常に
もれのないよう、ミスのないように注意を払うので、
周囲の信頼を得ている。

□文化祭の段取りを背面黒板に書き、分担の進行状況を
可視化したので、生徒の準備意識が向上した。

□レクリエーション係として計画を練るのに優れた手腕
を発揮し、班員と協力しながら、楽しい催しをつくり
あげていった。

♥長所は短所、短所
は長所になること
を上手くとらえる。
短所に思えること
も、違う側面から
見直すことが大切
である。

付録ネガ・ポジ用
語／文例用語集参
照。⇒ p.210 ～ 221

実務編②

【日常の生活や学習への適応と自己の成長及び健康安全】

□基本的生活習慣がしっかりと身についており、3年間、無遅刻、無欠席、無早退で通した。心身共に健康で優れている。

□何事もゆっくりであるが、丁寧な仕事ぶりである。あわてずに自分のペースで積み上げていき、きちんとしたものを完成させていくタイプである。

□悩みを抱えて欠席がちな生徒の隣の席で、授業時には学習補助をさりげなく行い、昼食時には一緒に弁当を食べながら孤立しないように援助していた。

□行事の計画を通して意見が二分された男子と女子の間に入り、互いを認めて共に協力することの大切さを語ったので、当日は見事にまとまって準優勝できた。

□編入した留学生の施設案内や困りごとの相談に乗ることで、生活の適応や日本語能力の向上に寄与した。

□黒板を綺麗にする、ゴミの分別をきちんと行う、足りない清掃道具を調達してくるなど気がよく回り、快適に過ごしやすい環境をつくろうと努力した。

□話し合い活動で友達と意見を交換しながら、自分と違う意見にも耳を傾け尊重していく姿勢をもっている。常に、「どのように」「どうすれば」を考えて行動する。

【一人一人のキャリア形成と自己実現】

□将来の進路を考えるのに、インターネットを活用して、自分の興味のある職業をいくつか探し、その資料を集め、見学するなどして他の生徒にも刺激を与えた。

□進路係として、進学情報誌を納めるクラスの本箱を整理して、公開模試のポスターも工夫して掲示した。

□夏のオープンキャンパスで第一志望校を決定してから
　は、自分で立てた学習計画をきちんと実行できた。
□自分の進路に悩んでいたが、一つひとつ項目を書き出
　して解決していく方法をとり、自己実現の道を具体化
　させていった。

② 生徒会活動

　2018年版高等学校学習指導要領には次のように目標が
示され、3つの内容があげられている。

⊕3つの内容は次の
　通り。
⑴ 生徒会の組織づ
　くりと生徒会活動
　の計画や運営
⑵ 学校行事への協
　力
⑶ ボランティア活
　動などの社会参画

> 　異年齢の生徒同士で協力し、学校生活の充実
> と向上を図るための諸問題の解決に向けて、計
> 画を立て役割を分担し、協力して運営すること
> に自主的、実践的に取り組むことを通して、第
> 1の目標に掲げる資質・能力を育成することを
> 目指す。

　生徒会活動の意義や目標を踏まえ、生徒の活動を評価
する。生徒がよりよい生活を築くために自分たちで決ま
りをつくって守る活動など、自発的、自治的な活動につ
いて記入する。

<記入文例>
【生徒会の組織づくりと生徒会活動の計画や運営】
□生徒会選挙の立ち会い演説は、はっきりとした口調で
　わかりやすい内容であり、多くの生徒の共感を得た。
□生徒会長に立候補し、生徒会の活性化に熱意をもって
　取り組んだ。生徒会の問題点の改善によく努力した。

□生徒会役員として週1回の役員会に出席し、学校生活の充実と向上に向けた話し合いを行った。

□学校生活向上を目指すスローガンを検討し、校内のポスター掲示や放送で積極的に呼びかけた。

□生徒会書記として「生徒会便り」発行に力を入れ、生徒会活動を全校に宣伝して活動を盛り上げた。

□生徒会会計として、来年度の部活動予算について各部から聞き取りを丁寧に行い適切な予算編成を行った。

□評議委員会の議長として、円滑な議事運営、議題処理に持ち前のリーダーシップを十分に発揮した。

□生徒会委員として、学校生活をよりよくしようと積極的に訴え、生徒から様々な意見や要望を引き出した。さらに、それらの声をわかりやすく整理してまとめ、生徒総会に議案を提出した。

□選挙管理委員として、生徒主体の学校生活改善を呼びかけ、公平公正で活発な校内選挙に尽力した。

【学校行事への協力】

□学年行事の球技大会では、実行委員長として企画・運営などの綿密な計画を立案し、委員会組織が円滑に進むよう尽力した。

□体育祭実行委員として、上級生の指示のもと的確に判断して行動するとともに、適宜下級生に声かけをしながら精力的に活動した。

□修学旅行委員として、定期的に「沖縄新聞」を発行し、生徒の旅行行事に対する参加意識を向上させた。

□保健委員として、健康診断前日に検査会場の設営準備を先頭に立って行った。当日は計測補助を担当した。

□文化祭実行委員として、文化祭全体の企画・運営に尽
　力した。特にルール・マナー遵守への心のこもった呼
　びかけは教員や生徒から高い評価を得た。

□放送委員として、登校時の音楽や昼休みの校内放送な
　どを積極的に行い、気持ちの良い学校生活づくりに寄
　与した。

□図書委員として、蔵書の管理やカウンター業務を遂行
　した。特に行事や季節に合わせた特設コーナー設置に
　尽力し、多くの教員や生徒から好評を得た。

【ボランティア活動などの社会貢献】

□生徒会有志で高齢者福祉施設の「新年を祝う会」に参
　加し、高齢者の話に耳を傾けたり、介護の簡単な手伝
　いを行った。

□地域の高齢者から様々な知識や豊かな体験に基づく話
　を聞き、自分たちの生活改善に役立てようとした。

□近隣の小学生と生徒会で、市のシンボルであるコスモ
　スを駅前の花壇に植栽し、地域の方々の目を楽しませ
　た。

□生徒会の呼びかけで水泳部の有志が近隣の小学校の夏
　休み水泳教室に参加し、子どもたちに泳ぎ方を教える
　など交流を深めた。

□地域主催のよさこい祭りにボランティアとして参加し、
　炎天下の中でごみの回収・分別に取り組んだ。後日、
　地域の方々から感謝の声が生徒会に寄せられた。

□生徒会の取り組みの一環でボランティアスタッフとし
　て地元の福祉園が開催する夏祭りに参加し、障害をも
　つ方々の調理・販売や会計のサポートをした。また案

➕異年齢集団との交
流や対話、共同学
習などの機会を通
して、協働するこ
とや社会貢献活動
によって身につい
たことを記入する。

111

内や警備などにも尽力した。

□生徒会役員として、近所の市立公園の清掃活動を校内
に呼びかけ、地域美化活動にリーダーシップを発揮し
た。

③　学校行事

2018年版高等学校学習指導要領には次のように目標が
示され、内容として5種類の行事があげられている。

➕5種類の行事は以
下の通り
(1)　儀式的行事
(2)　文化的行事
(3)　健康安全・体育
的行事
(4)　旅行・集団宿泊
的行事
(5)　勤労生産・奉仕
的行事

> 全校若しくは学年又はそれらに準ずる集団で
> 協力し、よりよい学校生活を築くための体験的
> な活動を通して、集団への所属感や連帯感を深
> め、公共の精神を養いながら、第1の目標に掲
> げる資質・能力を育成することを目指す。

行事の意義や目標を踏まえ、これら5種類の行事を通
して、生徒の活動の状況を多面的かつ総合的にとらえ、
個人として優れている点を積極的に見出して評価する。
生徒の成長のみならず、個人及び集団の学校生活の充実
の観点もふまえて記入するのが望ましい。

＜記入文例＞

【儀式的行事】

□周年行事において、生徒や教師にアンケートや聞き取
りを行い、これまでの学校の変化を学校新聞の記事に
まとめ上げた。

□対面式で新入生に対して、高校生活の楽しさや、勉強
の取り組み方法など上手に説明し学校紹介を行った。

□卒業式に学校生活の様子を集めた写真や各クラスのメッセージをビデオで流すなど、他クラスの委員と協力して思い出に残る式を作り上げた。

【文化的行事】

□合唱祭実行委員として、選曲はもちろん、人が集まらない練習に対しても気を配り、クラスの気持ちをまとめていく努力をし、成功に導いた。

□なかなか決まらない文化祭出し物を、他校や過去の成功した事例を紹介して決定に尽力し、クラスをまとめた。

□文化祭の後片付けなど、疲れて人が動きたがらない場面でも、率先して動き、手順よく指示を出して教室を綺麗な状態に戻した。

□新入生歓迎会の司会、運営をつとめた。時間配分を上手く設定して会を盛り上げていくのに貢献した。

□スピーチコンテストの参加者が集まらないなか、ポスターを作り、過去の優秀者の文章を紹介するなど友達への呼びかけを通して会を成功させた。

【健康安全・体育的行事】

□薬物乱用防止講演会のときに、生徒を代表して講師に質問した。終了後はアンケート結果や感想文を添えて講師に礼状を出し、保健係として積極的に行動した。

□体育祭では俊足を活かしてクラスのリレー選手の一員として活躍した。

□球技大会ではクラスに広く呼びかけて競技の練習を重ね、応援でも中心になって全体を盛り上げた。

🅱「合唱祭のクラス委員になったが、なかなか生徒が集まらず練習が進まなかった」

💟ネガティブな部分をクローズアップすることは避ける。優れている点を見つけて評価する。

実務編②

➕○○係と記入するだけではなく、具体的な活動を書くようにする。

113

□美化委員として、重点的に廊下や黒板を綺麗にする運
　動を行った。委員会で標語を作り、校内の美化活動の
　中心になって活躍した。
□保健委員として体調のすぐれない友人を見ると保健室
　に付き添い、すぐに教師に知らせてくれた。

【旅行・集団宿泊的行事】
□修学旅行委員として旅行だよりを作り、事前に行先の
　見どころポイントを丁寧に紹介した。
□入学後すぐに行われたホームルーム合宿では、すすん
　でレクリエーション係となり、各班でもクラス全体で
　も交流できるよう活動を工夫した。
□遠足の班長として班員をまとめ、自主行動も時間に遅
　れないように気配りして無事に終わらせた。
□防災宿泊訓練では、その重要性を理解し、災害用非常
　食にお湯を注いで準備し、学年生徒全員に配るなど、
　炊き出し係の一員として積極的に作業した。

【勤労生産・奉仕的行事】
□地域のゴミ拾いに奉仕活動として参加した。特にゴミ
　の分別を丁寧に行い、地域の人から感謝された。
□学年行事では地域の子ども会行事のボランティアを選
　択した。仲間と共に積極的に参加、手伝いをして子ど
　もや地域の人に喜んでもらえた。
□過疎化の進む地域で行われた森林保全合宿では、台風
　で折れた山桜の木を拾ったり、老朽化した遊歩道の石
　段を整備したりして、保全活動に積極的に携わった。

【3】行動に関する所見

　この項目に関しては、生徒の活動上の特徴や活動状況について記録しておくべきことを、次の点に着目しながら記載する。

---

① 　生徒個人として比較的優れている点や長所など、学校生活全体にわたって見られる行動の特徴に関すること。

② 　学年初めと学年末とを比較し、行動の状況の進歩が著しい場合、その状況に関すること。

　この項目を記入する際に留意することについて、以下に示しておく。

ア 　『別紙3』にあるように、「今後の学習指導等を進めていく上で必要な情報に精選して記述する」ことである。

　　あくまでも今後の指導の手がかりにするものであるから、生徒の能力を引き出すために大切な示唆に富む情報を厳選していきたい。

『別紙3』参照。

イ 　情報の厳選はしながらも、その生徒の学校生活全体を見渡したとき、生徒が見せた「自らを高めようとする態度」「ホームルームや学校生活の向上に貢献しようとした姿勢」等を積極的に評価していくことに努めよう。

ウ 　生徒は発達途上にあり、心身ともに日々変化していく存在である。したがって、前日の行動や発言が翌日には全く異なるという場面にも出

会うだろう。また、常に集団内にあって、その人間関係に心を配ろうと必死になることもある。そこで、教師の前と友人の前での言動が異なる場面もあって、時には担任が戸惑うこともあるだろう。

　しかし、そういった多様な姿や顔を「二面性がある」とか「矛盾している」ととらえるのではなく、その生徒の諸側面であると理解する姿勢をもって記入にあたりたい。

エ　担任は日常的に生徒と接しているため、彼らに対して様々な感情や願いをもっている。そのため、どうしても主観や感情に流されたり、一面的なとらえ方をしてしまうこともあろう。

　まずは、多面的、統合的な解釈を通した生徒理解をしようという自覚を大切にしたい。

オ　多面的、統合的な解釈をするためにも、客観的に正確な記入ができるような多方面からの資料の収集が必要である。

　ただ、収集した情報をどのように用い、何を比較して検討するか、どこに注目するかの判断は担任にまかされる。明白な事実にもとづいた客観性のある記録になるよう努めたい。

♥特に、当該生徒の行動に変化・変容が見られたときに、担任個人の基準だけに合わせて評価しないように心がけたい。

☛資料収集の在り方については、序章2（2）作成のための準備参照。
⇒ p.17 ～ 24

① 学校生活全体にわたって見られる行動に関する所見

> 学校生活全体にわたって見られる特徴を記入するが、中でも長所に注目すること。

　どの生徒も必ず良い面をもっている。それを見つけ、生徒自身にそのことを自覚させ、自分を高めていこうとする意欲を育てるのが担任の責務である。そのため、生徒一人ひとりの優れている点や長所、進歩の状況などを取り上げることが基本となるよう留意する。よって、欠点や問題行動について記入しないのはもちろん、「特記事項なし」という記載は行わない。

　生徒の努力を要する点などについては、その後の指導において特に配慮を要するものがある場合には、日頃の指導などに基づいて記入する。なお、家庭環境や成育歴に起因する事柄については、特にプライバシーや人権保護に配慮する。

＜記入文例＞
【生徒個人の特質に関する所見】

□早朝に登校して黒板の清掃やチョークの整理など、教室の美化や整備を自主的に行った。

□１年間、無欠席・無遅刻・無早退で登校した。始業５分前には必要な教材をそろえて着席するなど、堅実な生活態度を守っている。

□努力型人間であり、何事も途中で投げ出さずに最後まで努力することをいとわない。おかげで、どの科目でも成績の上昇が見られている。

✗「遅刻・早退が多く、授業中も集中力に欠ける」

♥生徒の欠点についてのみ記述するのは避ける。生徒の否定的な面をあえて記入する必要はない。生徒とともに解決方法を探り、努力するのが学校の役割である。このような記述では、学校の主体的な教育活動がなく、責任を生徒本人にのみ転嫁しているかのような印象を与える。

実務編②

□向上心が強く、ミスをしたときも、「なぜミスをしたのか」「どう改善すればよいか」を常に考えている。

□一本気な性格で、目標をもったら、途中で諦めずに、どこまでもそれを達成しようという思いが強い。

□負けず嫌いな性格もあり、自分で選んだことは自分が納得いくまでとことん掘り下げたいと思っている。

□自分を第三者のように冷静に観察するところがある。そのため、緊張や焦りを感じる場面に遭遇しても、感情的にならず、周りの状況を把握できる。

□欠席している生徒への配布物を整理して机の中に入れるなどの気配りができ、誰に対しても親切である。

□年長者にはもちろん、同級生や下級生にも礼儀正しく、言葉遣いも丁寧で好感がもてる。

□授業の予習を怠ることなく進め、提出物も遺漏がない。意欲的に授業に参加するその姿勢は評価できる。

□常に心にゆとりをもつように心がけており、翌日の予定は前日に決めるのはもちろん、数ケ月先の予定まで計画し、効率的な毎日を送っている。

□綿密に計画を立て、時間管理することができる。そのため試験にも自信と余裕をもって臨めている。

□毎日日記をつけており、日々の生活を振り返りながら、一つひとつの物事に計画的に取り組んでいる。

□全ての学びの体験を経験に替えていきたいという気概をもち合わせている。

□現状に安易に妥協せず、さらに良いものを求めて工夫をする。型にはまらず、発想が自由で独創性がある。

□体を動かすことをいとわない。他の生徒が好まない仕事でも、自分から率先して行う姿勢をもっている。

■「学校ではおとなしいが、家庭内暴力の傾向がある」
♥生徒の問題行動に関する記述は避ける。家庭内暴力の原因は根が深く単一ではない場合が多いので、家庭の悩みも深刻である。長期保存の指導要録における記述としてはふさわしくない。別の様式に記録し、教員間で共有すべき事案である。

□知的好奇心に富み、授業外のことでも教師に相談や質問をするなど、新しい知識を得ることに意欲的である。

□頼まれたことは最後まで責任をもって丁寧に取り組む姿勢が見られる。合唱祭実行委員としてクラスメートが楽しく練習をすることができるように心がけた。

□聞き上手で、声音や声の抑揚などから、相手の気持ちや要望、不満などを察して聞き取ることが得意である。

□知識欲旺盛で読書量は卓越している。特に日本の古典文学に興味を示し、その多くを原典で読破している。

【学校生活全体及び集団の向上に関する所見】

□周囲からの支援に感謝の気持ちを忘れずに、自らも助けの手を差しのべたいと常日頃発言している。

□自信家で、物おじせず意見を表明できるために、周囲から頼りにされ、リーダーとして頭角を現しつつある。

□誰にでも分け隔てなく接し、周囲を引っ張っていける生徒であるため、友人から大きな信頼を得ている。

□ホームルームや授業の前に資料配布を率先して行うなど、安心して仕事を任せることができる。

□学校生活に誠実に取り組んでいる。家庭科係として連絡役や実習準備などの仕事を着実に果たした。

□部活動において、異なる学年でペアを組むアイデアを推進し、共に助け合いながら活動することで、自然と異学年間の距離を縮めることができた。

□明るくのびのびしている。陸上競技が得意で、体育祭では積極的に競技に参加し、クラス優勝に貢献した。

□アイデアが豊富で、ホームルーム活動や委員会活動の企画に独創的な提案をし、周りから一目置かれている。

🈲「マイペースで融通が利かず、周囲からは自分勝手だと思われてしまう」

❤主観的な表現は避ける。「マイペース」とは別の面では「自分なりの考えを持っているため、まわりに流されない芯の強さがある」という長所ともとらえられる。生徒の行動の一面だけをとらえて、断定的な記述をすることは厳に慎みたい。

□自分の考えをわかりやすい言葉で明確に述べ、何事にも誠実に取り組むので、周囲からの信頼は厚い。

□感情に左右されず、合理的判断ができるため、相談を受けた際も、忖度のない意見を伝えることができる。

□話し合いなどで、困難な状況に陥ったときも、気の利いた発言で場の緊張を緩め、和ませることができる。

□特定の友人に限定することなく、多くの生徒と積極的に関わるなど、ホームルームの人間関係をつくるのに大きな役割を果たしている。

□自分には厳しいが、他人には寛容である。友人の失敗に対しても動揺せず、一緒に解決しようと努力する。

□級友との交わりが広く、友人の良さをよくつかんでいる。ホームルーム行事では友人の長所を生かすよう、役割分担を適切に行った。

□素直で温厚な性格であり、自分のことよりも、友人のことを優先するなど思いやりが深く、様々な場面において相談役となっている。

□クラス内で遅刻の減少に取り組んだ際には、率先して働きかけを行い、クラス全体の遅刻回数が半減した。

② 当該学年に見られる行動に関する所見

> 当該学年の年度末に記入することを念頭に、年度初めと比較しての変化に注目すること。

　生徒の行動の変容は学校の指導の結果でもある。わずかの変化でもそれを手がかりにして、次の指導に活かしていくことが望まれる。生徒は、例えば、授業やホーム

ルームでのグループ活動、掃除当番や係活動、生徒会活動や部活動など、様々な集団の中で仲間と交流し、人間関係を構築しながら、それぞれの役割や責任を果たそうと努力している。その姿に注目する必要がある。

　また、集団のなかではっきり表れる変化ばかりではなく、内面の変化にも注目してその変化を見逃さないようにする。

　生徒の努力を要する点などに関しても、その後の指導において特に配慮を要するものがあれば端的に記入する。

<記入文例>
【個人の能力や態度で変化したこと】
□授業やホームルーム活動の時間に建設的な発言が多くなった。

□何事においても真剣に取り組む。毎時間の授業の予習をしっかり実行し、全科目にわたって成績は着実に向上した。

□放課後、教科担任の指導を受けて学習に取り組んだ結果、理数系の成績を向上させることができた。

□英語の文法の基本について理解が深まり、読解力が次第についてきた。その自信が他教科でのグループ活動にも好影響を与えている。

□水泳が得意である。体育の授業で模範遊泳をしたことが励みになり、他の種目にも積極的に取り組むようになってきた。

□調査・観察などの結果を正確に記録し、それを分析して考察する力がついてきた。報告書のまとめ方も優れている。

NG「両親が離婚してから情緒不安定になり、感情の起伏が激しくなった」

♥生徒や家庭のプライバシーに関する記述は避ける。記入する場合は、プライバシーに配慮しながら、学校としてどのように援助し、その後どのような変化が見られるようになったかを記入すべきである。

□校内の読書感想文コンクールに入賞したことがきっかけになって読書量が増し、国語表現力もついてきた。

□勉強の意義や自分の生き方について、真剣に考えていた。多様なジャンルの書物を読むことで、将来に向けて目標を見出し、学校生活も積極的になった。

【集団生活の充実に関わって変化したこと】

□級友の健康に気を遣い、体調の良くない生徒への援助を行った。日々の対応から級友の厚い信頼を得ている。

□１年間皆勤。級友数人と皆勤を競い合い、ホームルーム全体に明るさと一定の緊張感をつくった。

□日直や清掃など日常の地味な仕事を誠実に果たした。級友にも呼びかけながら行動するので、周りの生徒も仕事をきちんとするようになった。

□ホームルームのレクリエーション係として、クラスの全員が楽しく参加できるように、内容ややり方を工夫した。

□ホームルーム活動の時間などで班の意見をまとめて積極的に発表するようになった。

□修学旅行では研究報告係を務め、班員と協力して立派な報告書を作成した。その成果は文化祭で発表され、好評を博した。

□ホームルーム以外にも友人の幅が広がり、ものの考え方も多面的になった。自分には厳しいが、友人には寛容である。

□全員進級に向けてホームルームで試験対策を行ったとき、得意な英語の勉強会に積極的に関わった。

□勉強会では予想問題を作るなどして、結果的には全員

▲「何事にも無気力・無関心なので、保健委員という役割を与えた。以後、地道に責任を果たすようになった」

♥過去の欠点を引用した記入は避ける。指導の結果、生徒に変化が見られるようになったのだから、大いに評価し記入するのはよい。「何事にも無気力・無関心」という記載は不要である。

▲「ホームルームのまとまりのためによく行動した」

♥具体的に何をどうしたか読み取れるように記入する。

の進級に中心的な役割を果たすこととなった。

□生徒会長に当選後はホームルームを巡回して意見を聞いたりアンケートをとるなど、代表としての自覚をもって活動している。

□号令係として授業開始と終了時の号令がけを行った。その結果、ホームルーム全体のチャイム着席が徹底され授業への取り組みが改善された。

□時事問題に興味をもち、新聞をよく読んでいる。文化祭の展示に社会問題を扱ったとき、その中心になって活動し、優秀賞受賞に貢献した。

□級友数人と冬季休業中に自転車旅行に出かけ、友人関係が深くなった。その際の企画や会計等を自力で実行したことで大きな自信につながった。

□合唱祭においてクラスが２年生の優秀賞をとり、リーダーシップが評価された。その結果、下級生からも厚い信頼を得ることになった。

□人前で発言することが苦手だったが、生物部の部長になり、自ら活動を整理し、仲間と協力して文化祭を乗り切った。

□生徒総会など大勢の前で話をする機会が増え、ホームルームでも問題意識をもって発言する姿が見られるようになった。

□吹奏楽部の一員として運動部の試合にも応援演奏に出かけ、行動範囲が広がり、友人の幅も広がっている。

【生徒の努力を要すること】

□夜更かしを慎み、早朝登校を心がけることで、落ち着いた生活になり、授業に集中できるようになってきて

➕「生徒会会長に立候補し、生徒の要求にあった現実的な公約を掲げた」など、生徒会に限定した内容は特別活動（生徒会活動）として記載する。

実務編②

いる。

□自分の気持ちをすぐに言葉や態度で表現しがちであっ
　たが、自己コントロールの訓練を重ね徐々に周囲に気
　を遣えるようになり、落ち着いた対応ができるように
　なってきている。

□学校を休みがちであったが、部活動に熱心に参加する
　ようになり、休まず登校できるようになってきている。

□配布プリントをルーズリーフのクリアリーフに入れる
　ようになってから、学習の継続性が向上している。

【4】進路指導に関する事項

　進路指導とは「生徒が自己の在り方、生き方を考え主体的に進路を選択することができるよう、学校の教育活動全体を通じ、組織的かつ計画的な進路指導を行うこと」とあるように、「生き方」の指導である。単に進学や就職の「行き先」を決めるだけではあまりに表層的である。

　上記の点を踏まえ、生徒の自己実現を励ます思いで、具体的かつ信頼性の高い記述を心がけなければならない。入学から卒業までの固定化された結果だけにとらわれず、生徒自身の行動や生活を広い視野でとらえられるように、経過もあわせて記録していくことが大切である。

　生徒の進路に関することを簡潔かつ具体的に記入するには、以下の3つの観点で整理してみるとよい。

---

　　① 　自己分析：生徒は自分自身をどのように、またどの程度理解しているのか。将来にどのような考えを持っているか。

　　② 　保護者の分析と希望：子どもの将来をどのように見ているのか。どのような希望を持っているのか。

　　③ 　担任による指導：何についてどのような指導・助言をしたか。その結果、どのような変化が表われてきているか。

　以下、各学年における進路指導の具体例を示す。

📖 「高等学校学習指導要領第1章第5款1（3）」参照。

➊ 生徒が成年年齢に達しているか否かにかかわらず、進路指導については保護者等の協力が得られるよう、日頃から保護者等の理解を得ることが重要である。

➋ 文部科学省「成年年齢に達した生徒に係る在学中の手続等に関する留意事項について（事務連絡）」参照。

➕ 進路行事の振り返りシートの自由記述やキャリア・パスポートの活用も期待される。

実務編②

	1学期	2学期	3学期
1学年	・進路希望調査 ・基礎力診断テスト ・個人面談 ・進路ガイダンス ・上級学校訪問 ＜夏季休業中＞ ・オープンキャンパス ・看護体験	・適性検査 ・総合学力テスト ・文理選択説明会 ・保護者会	・進路講演会 ・総合学力テスト ・看護医療、公務員ガイダンス
2学年	・総合学力テスト ・個人面談 ・進路ガイダンス ・分野別進路説明会 ・保護者会 ＜夏季休業中＞ ・オープンキャンパス ・看護体験	・総合学力テスト ・3年選択教科説明会 ・小論文対策 ・保護者会	・総合学力テスト ・看護医療、公務員ガイダンス ・就職、公務員試験指導開始 ・校外模擬試験 ・合格体験報告会
3学年	・分野別、学校別進路説明会 ・総合型選抜、学校推薦型選抜入試説明会 ・総合学力テスト ・三者面談 ・企業研究 ・求人票公開 ＜夏季休業中＞ ・企業見学 ・オープンキャンパス	・就職準備 ・受験計画作成 ・学校推薦型選抜説明会 ・一般選抜入試説明会 ・模擬面接 ・校外模擬試験 ・調査書作成	・大学入学共通テスト ・大学入学共通テスト自己採点 ・進路結果調査 ・進路未決定者指導 ・卒業生の追指導 ・合格体験報告会

⊕入学時の進路希望調査は、進路全般についての本人と保護者の考えを聞くにとどめる。

⊕校内で作成する「進路の手引き」等を活用し、卒業生の進路状況を参考に自分の進路を考えさせる。

⊕進路相談は、担任を中心に、教科担当・進路指導担当・部顧問等、教職員全体が指導・援助にあたる。

① 1学年

1年生については、進路ガイダンス等を通じて様々な生き方を考えさせる機会を与え、生徒の人生観や職業観を膨らませる。2年次に文理選択がある場合には、やりたい職業探しと絡めながら準備させる。また、「自己理解」も1年次の大切なテーマである。例えば「私は～である」という文を10個書かせたり、進路適性検査を活用したりする等が考えられるだろう。

1年生については、教科の成績、委員会や係活動、生徒会、部活動等を記録した個人資料に基づいて、本人の進路希望の概略について記す。

<記入文例>

□ 卒業後は、四年制大学への進学を考えているが、具体的な学部・学科については現在検討中である。

□ 文系を選択すること以外はまだ具体化していないが、保護者は四年制大学への進学を希望している。

□ 日本地理に詳しく研究意欲も高いので、将来その知識や関心を活かせる職業を模索している。

□ アニメ研究会に所属し、将来は声優になることを望んでいる。保護者は本人の希望を尊重するとしつつも、四年制大学に進学してほしいと期待している。

□ 音楽関係のスクールに通っており、プロのミュージシャンになることを希望しているが、大学進学について話すこともあり、気持ちが揺れ動いている。

□ パティシエになることを希望しており、専門学校への進学を考えている。一方で適性があるかどうか不安に思っている。

[×]「学習意欲が著しく低く成績不良であるので、とりあえず進級を目指して頑張るように指導した」

[♥]目前の目標指導と将来の生き方指導の両方を常に意識して指導する。現状の学習意欲や生活態度を鑑みると、最低限かつ直近の目標設定になりがちだろう。しかし、進路指導は「生き方」指導である。改善の可能性を信じて、現状改善の指導と同じ熱量で、将来に目を向ける声かけも行っていきたい。

実務編②

②　2学年

　第2学年の欄には、1年次に比べ、より具体性・現実味を帯びてきた生徒本人の進路志望や意識について記入したい。その際、生徒の学習状況や適性を踏まえることは勿論、所属している委員会や部活動等で果たしている役割や責任等にも触れ、進路指導に関する項目と関連づけて記入するとよい。そのために担任は、生徒に対するアンケートや面談等の実施を通して、本人の意思を的確に把握する必要があるだろう。

<記入文例>

□警察官になることを志望しており、公務員試験対策の予備校に通い始める等、具体的に行動している。

□将来は看護師になることを希望している。一日看護体験への参加を機に、看護に対する関心をより一層強め、公立看護専門学校への進学を希望している。

□入学時より保育士になるという夢を貫いている。来年度の自由選択科目では「保育基礎」と「音楽」を選択する予定である。

□不動産業に興味があり、私立大学商学部への進学を決意している。目標が明確であり、志望大学合格だけでなく、その後の国家資格取得も意識している。

□野球部のマネージャーとして体調管理面等で選手を支える経験を通して、スポーツ栄養学に興味が湧いてきた。進学先は未定だが、学校調べをしている。

□全教科にわたってよく努力し、授業態度も良好であった。短期大学の国際コミュニケーション学科への進学を希望している。

🆖「四年制大学への学校推薦型選抜を考えていたが、いまの成績では無理であり、学力的に一般選抜での合格も可能性が著しく低いため、専門学校に進学先を変えるように勧めた」

❤️2年生の時点で可能性を否定しない。入試方法の多様化により、様々な推薦選抜を選択肢にする生徒・保護者が増えている。同時に、一般選抜に的を絞って受験勉強に全力を注ぐ生徒もいる。いずれにしても2年生の段階で全く可能性が無いと断言することは控える。現実的な情報提供や助言は怠らず、せっかくのやる気を失わないような声かけに留意したい。

③　3学年

　3年新クラス始動後は、早々に進路希望調査を行い、状況把握に努め、方針が未定の生徒には早急に面談をする。また、進路に関する最終確認は保護者同伴で行う。年度末に間違いなく記載できるよう、その過程と進路結果についてはこまめに詳細を記録しておく。

　大学によって学部名や学科名が異なったり、就職先の職場が本部所在地とは違う場合もあるので注意する。

<記入文例>

□理工系進学を目指していたが、法律関係に強い関心を持ち始め、法学部に志望変更し、見事合格した。

□「球の摩擦力」に関する課題研究に熱心に取り組み、その成果を活用して総合型選抜で受験し、目標の理学部に合格した。

□四年制大学への進学希望を変更し、公務員試験を受験し合格した。○○大学の夜間部に進学予定である。

□入学時より看護師になるという強い意志があり、少しでも早く現場に出ることを決意し、○○看護専門学校に合格した。

□就業活動体験を通して、一つのことを究める職人の生き方に共感し、○○の専門学校に進学した。

□コミュニケーション能力を活かすことができる接客関係の職種を希望し、和菓子の販売店に就職が決まった。

□細かい作業を好み事務系の職種を希望し、合同会社説明会に多数参加するが、就職活動継続中である。

□○○大学に進学し、法学を学び、弁護士になるという明確な目的意識がある。予備校に入学予定である。

➕就職や推薦入試等の校内規程やスケジュールは保護者等にも正確に伝えておく。

➕進路結果の報告については、学年で統一様式を用意するとよい。

実務編②

🆖「将来はユーチューバーを希望しており、卒業後は進学も就職もしないと決めている。保護者も本人に任せるとのことなので、進路指導は特に行わず、高校卒業を目標とした」

💙進学も就職もしないという選択肢を安易に認めず、保護者も含めて粘り強く話し合いを継続する必要があったはず。「進路指導は特に行わず」との表記は不適切である。一方で、指導要録には特定の職業や働き方を否定することなく、生徒の希望を事実に基づいて記入することは大切である。

【5】取得資格・検定等

　生徒が、国や地方公共団体、専門高校の校長会や民間事業者が実施・認定する資格を取得した場合に記入する。学校教育の結果を直接的に評価するものではないが、進学や就職ではこの記載事項が、生徒本人に有利に作用することも少なくない。社会的な信用のある取得資格や検定試験の合格については積極的に記入する。

➕生徒本人と内容確認をしっかり行い、誤記等には十二分に注意する。

＜記入文例＞

□日本漢字能力検定協会主催　日本漢字能力検定準1級（令和○年○月）

□日本英語検定協会主催　実用英語技能検定2級（令和○年○月）

□国際ビジネスコミュニケーション協会主催　TOEIC　L＆R・S＆W　1300点（令和○年○月）

□全国商業高等学校協会主催　情報処理検定1級（令和○年○月）

□日本商工会議所主催　簿記検定2級（令和○年○月）

□インテリア産業協会主催　インテリアコーディネーター資格試験合格（令和○年○月）

□消防試験研究センター主催　危険物取扱者乙種第4類合格（令和○年○月）

□日本ニュース時事能力検定協会主催　ニュース時事能力検定2級（令和○年○月）

【6】部活動、学校内外におけるボランティア活動、留学・海外経験等

① 部活動

　部活動は、学校の施設を利用して、それぞれの興味・関心に応じた自主的な活動を行うことで、放課後の時間を有意義に過ごすことができる。そこでは、集団活動を通じて先輩・後輩といった異学年交流を図りながら、物事の達成感を得られたり、目標に向けて努力する姿勢を培ったりすることができる。また、組織の運営を通して、生徒は自治的活動や民主的合意を形成する過程を経験する。このように同じ趣味・関心をもつ生徒同士の交流は、より密度の濃い人間関係を築くことができ、部活動は生徒の居場所となっている。

　今日では部活動に所属する生徒は多く、多くの意義が認められているが、学習指導要領の定める教育課程の編成に部活動の項目はない。部活動はあくまでも課外活動である。2018 年版学習指導要領では次のように記載されている。

＜第 1 章　総則　第 6 款　学校運営上の留意事項＞

　生徒の自主的、自発的な参加により行われる部活動については、スポーツや文化、科学等に親しませ、学習意欲の向上や責任感、連帯感の涵養等、学校教育が目指す資質・能力の育成に資するものであり、学校教育の一環として、教育課程との関連が図られるよう留意すること。

　したがって、指導要録での「総合所見及び指導上参考

となる諸事項の記録」は、部活動のみの記載とならないよう注意が必要である。部活動の記録はあくまでも補助的・補完的記録に留めるべきである。担任が生徒の部活動での様子を詳しく知らない場合は憶測で記載せず、部活動顧問へヒアリングの上、記載する。

＜記入文例＞

- □野球部マネージャーとして部を支え、選手のスムーズな練習と大会出場に心を配った。
- □サッカー部に所属して日々練習に励み、努力の大切さを知るとともに協調性を身につけた。
- □バスケットボール部副部長として部長を支え、部員相互のコミュニケーションをよく図り、部の円滑な運営を推進した。
- □硬式テニス部の練習に常に向上心をもって参加した。活動中も声を出すことを忘れず、仲間と共に部の活動を盛り上げた。
- □バドミントン部に所属し、厳しい練習にも休むことなく仲間と共に練習に励み、忍耐力が身についた。
- □剣道部部長としてリーダーシップを発揮し、全国高等学校総合体育大会出場を果たした。
- □ダンス部に所属して日々練習に励み、表現力を身につけるとともに、常に笑顔で挨拶することを学んだ。
- □吹奏楽部でフルートを担当し、技術向上に励むとともに、後輩の面倒もよく見て部全体の演奏レベル向上に努めた。
- □軽音楽部の活動に熱心に取り組み、文化祭においてその成果をよく披露した。

8 「吹奏楽部に９月まで所属していたが、人間関係の難しさのため、退部した」

♥物事を途中で投げ出す人物であると誤認される恐れがあるため、退部した理由は記載しない。年度末での在籍の有無に基づいて記載する。

□写真部に所属して日頃から技術を磨き、文化祭では撮
　影作品を他の部員と共にオムニバス形式で発表した。
□放送部では昼休みの校内放送や、体育祭でのアナウン
　スを行い、学校運営に大きく貢献した。

②　学校内外におけるボランティア活動

　ボランティア活動とは、自発的意思によって学校内外
の組織に参画し、無償で社会貢献的活動を行うことであ
る。自らの行為が地域の人々や社会へ役立つことを実感
することで、有用感や自己肯定感を育むことが期待でき
る。また、学校内外のボランティア組織に参加し、様々
な年齢構成・職業の人々と出会い、共同作業を行うなか
で、交流を図ることができる。ボランティアに参加する
きっかけは、家族や知人から誘われることも多いと考え
られるが、様々な効用を期待できるため、奨励していき
たい。

　ボランティア活動は自発的行為であるため、生徒の意
思によらず強制的に奉仕活動に従事させられた場合は、
ボランティア活動にはあたらない。従って、生活指導や
懲罰として命じられた奉仕活動や、部活動の部員全員が
強制的に参加させられる奉仕活動は指導要録には記録す
べきではない。また、無償を前提とするため、社会貢献
的意義があっても対価を得て行う奉仕活動や、アルバイ
トによる労働は記載しない。

＜記入文例＞

□吹奏楽部に所属しながら有志でアンサンブルを組み、
　老人ホームへの慰問演奏はお年寄りから感謝された。

□生徒会活動の一環として地域の清掃活動に積極的に参加し、地域の美化に貢献した。

□駅前で定期的に共同募金活動を行っており、社会貢献活動を積極的に行った。

□町内会活動の一環として海岸の清掃活動に自発的に参加し、環境保全に努めた。

□NPO法人に参画して、森林保全事業に取り組み、間伐を行うなど環境保全に取り組んだ。

□生徒会活動の一環として、春の全国交通安全運動期間中の活動に参加し、道路脇でサイン板を掲げて歩行者保護をドライバーにアピールした。

□放課後はボランティアで地域の子どもたちにサッカーを教えており、青少年の健全な育成に貢献した。

□地域の神社で、お囃子の太鼓を担当しており、イベントの際には演奏を披露して地域の活性化に努めた。

□大雪の日に学校職員や友人数人と校門周辺の雪かきを行い、登校する生徒が滑らないようにしてくれた。

□生徒会活動の一環として、学校説明会時には来場者案内誘導を行い、また日頃は校門での挨拶運動を行うなど、明るい学校づくりに大きく寄与した。

③　留学・海外経験等

　留学・海外経験等は、生徒の海外での経験が、どのように学校生活及び生徒の人格形成に影響したかについて記載する。語学力向上を始め、異文化コミュニケーション、歴史認識など、海外での生活が帰国後の生活や将来のキャリア形成に与えた影響について記載する。

🆖「生活指導の一環で、校内の清掃活動を1週間行った」

❤生活指導や懲罰の一環としての奉仕活動については記録しない。生徒の自由意思で行う社会貢献活動について記録する。

134

＜記入文例＞

□夏季休暇を利用してオーストラリアに２週間ホームステイし、語学や外国の文化を学ぶなど貴重な経験をした。

□シンガポール日本人学校から転入しており、海外からの来客時には積極的に通訳を務めるなど校内国際交流の一翼を担った。

□イギリスからの帰国生であり、英会話の授業では積極的に発言し、授業を活性化してくれた。

□○○市交換留学生としてドイツへ４週間短期留学した。帰国後は留学経験を校内で発表するとともに、養った国際感覚で校内国際交流に貢献した。

□ハワイ中期留学に２ケ月参加し語学研修に努めた。期間中は生徒代表としてリーダーシップを発揮し、研修団をよくまとめた。

□夏季休暇を利用してカナダへ３週間語学留学を行った。将来は通訳・翻訳家になることを目標としており、自身のキャリアを考える上で良い経験となった。

□本校を代表する次世代リーダー育成道場の第○期研修生として、アメリカ合衆国に 11 ケ月留学した。帰国後は、国際文化と日本文化の比較に関する研究発表を英語で行った。

□父の海外勤務に伴って３年間ニュージーランドで生活した経験をもつ。海外からの短期留学生を受け入れた際には、得意の英語を活かして歓迎会を盛り上げた。

➕留学や海外経験の国や都市名を記入する。

実務編②

135

【7】 表彰・顕彰等の記録

　社会的な評価を受けている主催団体による各種大会・コンクール等で入賞した場合、あるいは地道な活動や社会貢献や救命活動などで各教育委員会、警察署・消防署などによる表彰・顕彰を受けた場合に記入する。

　なお、表彰名のみでは実績等が伝わりにくい場合には、その内容を簡潔に記しておくことも必要であろう。

＋どのような表彰・顕彰を記載するかについては、学校として共通理解を図ったり、学年内での事前検討が求められる。

<記入文例>

□全国高校生プログラミングコンテスト（経済産業省）
　入賞（令和○年○月）

□第○回全国高等学校文芸コンクール（全国高等学校文化連盟）短歌部門　優良賞（令和○年○月）

□太宰治記念「津軽賞」地域探究論文高校生コンテスト（弘前大学）グループ部門　優秀賞（令和○年○月）

□スーパーサイエンスハイスクール生徒研究発表会
　（文部科学省）ポスター発表賞（令和○年○月）

□体育優良生徒表彰（○○県スポーツ協会）優秀選手賞
　（令和○年○月）　第○回全国高等学校総合体育大会
　「走り高跳び」3位入賞による。

□教育委員会児童・生徒等表彰（○○県教育委員会）
　・伝統文化である太鼓等の継承活動を行い、地域の活性化に貢献した。（令和○年○月）

□消火協力表彰（○○消防署長）
　・下校時に発見した建物火災の初期消火を実施。延焼被害を最小限に抑えた。（令和○年○月）

□踏切内で転倒したお年寄りを助けたことで、警察から感謝状を贈呈された。

＋諸機関から学校に表彰・顕彰の連絡が届いたら、ただちに記録をしておく。

【8】趣味・特技に関する所見

> 趣味や特技に関することを記入する場合、学校生活に関する事柄を記載し、周りの充実向上との関連にも注目すること。

　趣味や特技をもち、その自信によって行動が広がり、様々な能力が開発されることは多い。生徒の能力が十分に開発できるよう、趣味や特技を大いに評価し励ましてあげたい。

　しかし、その趣味・特技が本人だけの楽しみの範囲にとどまっていれば、それは単なるひとりよがりになってしまう。ホームルーム活動や学校全体の活動のなかで趣味や特技が活かされ周囲の生徒に認められたとき、本人に自信が生まれ、他のことにも挑戦しようとする意欲も育つ。他人との違いが周りに認められることによって持ち味となるのが個性である。

　個性を活かす教育が協調されるのが今日である。その違いをいかに持ち味に高めていくか、その出番を設定するのが教師であるといえよう。他の生徒や学校全体に良い影響を与える過程で、生徒のもつ趣味や特技がどのように活かされたか記述していく。

　趣味・特技は主に家庭において過ごした時間によるものであるが、生徒の学校生活に好影響を与えることも少なくない。指導要録は学校生活においての記録であるため、家庭における趣味・特技は、できる限り学校生活に結びつけて記述するよう心がける。

＜記入文例＞

【趣味・特技に関すること】

□幼少よりピアノを習っており、校内合唱コンクールではピアノ伴奏を務め、優秀伴奏者賞を受賞した。

□趣味としてギターを弾いており、文化祭では友人とバンドを組んで披露し、積極的に学校行事に参加した。

□読書が趣味で、休み時間には常に小説を読んでいる。読書感想文コンテストに応募し、入選を果たした。

□手話を小学校のときから習得し、中学校では福祉クラブで腕を磨いた。高校では友人と関連のNPOに出向いて特技を活かして活動を継続している。

□幼少より書道を習っており書道2段を取得した。生徒会活動では書道の特技を活かして毎月の目標の掲示を作成するなど、学校全体の意識向上に貢献した。

□英会話が得意であり、英検2級に合格した。海外協定校の生徒が来校した際には通訳を務め、活躍した。

□華道部に所属し、○○流師範の免許を取得した。毎週、校内正面玄関に花を活けており、学校生活に彩を与えた。

【周りの充実向上に関すること】

□イラストを得意としており、文化祭パンフレットの表紙に採用されるなど、表現力豊かな生徒である。

□校外でサッカーチームに所属しており、校内球技大会サッカー部門ではリーダーシップを発揮してクラスの団結力向上に結び付いた。

□読書が趣味であり、朝読書の時間には黙々と小説を読むことが多かった。図書委員の活動では朝読書を奨励

🅱「地域のスイミングスクールに所属しているため放課後はすぐに下校する」

❤否定的な側面に視点を当てるのではなく、特技を活かしてクラスや学校生活に貢献している側面を評価する。

し、近刊の紹介など、校内の読書について啓発した。

□整理整頓が得意であり、清掃当番の際には毎回すぐに取りかかるほか、常にクラス内備品を整理し、美化に努めた。

□パソコンの扱いが得意であり、生徒会活動では会計として表計算ソフトを用いて緻密な業務をミスなく行うことができた。

□写真を撮ることが得意であり、常に高機能デジカメを持ち歩き、卒業アルバム委員としてクラスの卒業アルバム用写真を撮影した。

□幼少からスキーに親しみ、高度な技術を有している。宿泊行事のスキー教室では級友の技術指導を積極的に行った。

□パソコンでの映像編集が得意であり、学年末にはクラスの思い出スライドショーを作成するなど、クラスの思い出づくりに貢献した。

□シンセサイザーを用いた作曲を趣味としており、文化祭では有志を募ってバンドを編成し、友人らと協力して作品を披露した。

□お菓子作りが趣味であり、文化祭での模擬店ではレシピを考案し、来場者から好評を得て、クラスの良い思い出となった。

□校外で和太鼓の演奏活動を行っており、体育祭応援合戦の際には演奏を披露して大会を盛り上げた。

NG 「ゲームが趣味で、ゲームを始めると時間を忘れてしまう」

♥マイナス面のみの記載にならないように配慮する。

付録ネガ・ポジ用語／文例用語集参照。⇒p.210〜221

実務編②

【9】 生徒が就職している場合の事業所

　定時制・通信制の課程の生徒は就職している場合も多い。その場合には、下記の要領で事業所名や就業期間などを記入する。

＜記入文例＞

□　○○自動車（株）（令和○年４月～令和○年３月）

□　スーパー□□・駅前通り店（令和○年４月～）

□　△△フード・サービス（平成○年４月～）

【10】 その他の総合的な所見

　上記の項目以外にも、生徒の成長が見られる場合や特記事項がある場合には、総合的な所見としてこの欄に記述しておく。

①　通級による指導を受けている生徒

　通級による指導を受けた学校名、単位数又は授業時数、指導期間、指導内容や結果等を端的に記入する。自校の場合も、授業時数、期間、指導内容や結果を記入する。なお、上記の生徒について個別の指導計画を作成している場合において、当該指導計画において上記に関わる記載がなされている場合には、その写しを指導要録の様式に添付することをもって指導要録への記入に代えることも可能である。

＜記入文例＞

□通級による指導として、毎週２時間の「支援Ⅱ」を履

⊕指導要録では校内の科目名ではなく「自立活動」として記載する。

修し、指示書を理解して行動できるようになり、学校生活でも先を見通した活動ができるようになった。

□2学期以降、週2時間「自立活動」を選択履修し1単位修得した。自己の特徴を理解し、レポート等でも記述欄を意識し文章を整えて記載できるようになった。

② **配慮が必要な生徒に関わる総合的な所見**

通級による指導の対象となっていない生徒についても、教育上特別な支援を必要とする場合には、必要に応じ、効果があったと考えられる指導方法や配慮事項を端的に記入する。なお、上記の生徒についても個別の指導計画を作成している場合で、当該指導計画において上記に関わる記載がなされている場合には、その写しを指導要録の様式に添付することをもって指導要録への記入に代えることも可能である。

配慮が必要な生徒については、特に生徒が努力した点を積極的に評価する。

＜記入文例＞

□入学当初は、40人学級の高等学校での集団活動に強い緊張感をもっていたが、理解を示す友人の援助に心を開いて、自分の気持ちを伝えられるようになった。

□班別学習で討議の手順を学ぶことによって、発言を控え、集団で成果を出すことに協力できるようになった。

□「情報」の授業で、データベース入力の演習を通して、集中してやり抜く達成感を得た。また、出力したデータを確認してより完成度を高める意識を向上させた。

□本人の申し出により、2学期から座席を前に移動した。

▲「注意欠如多動症の傾向があり、授業中落ち着かず、周囲との協調が困難であった」

◆発達障害かどうかの見極めは専門家が行うもので、安易に名称を記載するのは好ましくない。専門家によって診断された場合でも、健康カードへの記載にとどめる。人権に配慮した記載を心がけなければならない。

◆健康状況に関わる記載については、健康診断票をそのまま転記するのではなく、指導上の必要性を十分に配慮して記載すること。

実務編②

141

集中してノートを取ることができ、成績も向上した。

③　学校外での活動で成果や活躍が見られた場合
　地域や学校外の活動で、顕著な活躍や大きな成果が見られた場合には、その内容を記入する。

＜記入文例＞
□ゲームが趣味で帰宅後は時間を工夫しながらゲームに取り組んでいる。ｅスポーツの全国大会に出場し、入賞を果たした。
□幼少期から児童劇団に所属し、雑誌のモデルやコマーシャルなどで活躍している。
□地域の碁会所に週２回通い、成人と共に対局練習をしている。三段の腕前である。

④　「休学」「転学」などの事由が発生した場合
　休学、退学、転学、転籍、編入学などの事由が発生した場合には、その状況を記入する。

＜記入文例＞
□令和〇年９月15日〜令和〇年12月31日　自宅療養のため休学。
□令和〇年３月31日　進路変更のため退学
□令和〇年４月６日　２年次に編入学。前籍は大韓民国〇〇高校（令和〇年９月１日〜令和〇年６月30日在籍、１年次修了）

➕改正民法が施行され、成年年齢に達した生徒の退学や休学等に係る手続きにおいては保護者等の連署した書類の提出は不要であるが、成年年齢に達したといえども、いまだ成長の過程にあるので引き続き支援が必要な存在である。事前に学校、生徒及び保護者等との間で十分に話し合い、保護者等の理解を得ることが重要である。

(6) 出欠の記録

【1】授業日数の欄

　この欄には、生徒の属する学科及び学年について授業を実施した年間の総日数を記入する。ただし、教室で実施した授業日数ではなく、学校行事等の日も当然授業日数には含まれる。授業日数は、各学校の年間教育計画の一環として決定されているものである。

　なお、単位制による課程の場合においては、授業日数については、当該生徒の履修計画にしたがって出校すべき年度間の総日数を記入する。

　記入に際して、以下のような場合は注意を要する。

① 夏季休業日等に授業を行った場合

　休業期間中においても、各学校や教育委員会の定めた年間計画に従って集中講義等を行った日数は、授業日数として扱う。しかし、年間計画とは無関係に行われる補講や生徒の自由参加によって行われる部活動等は、授業日数に該当しない。

② 学校の全部または学年の全部が休業となった場合

　感染症予防の目的や非常変災等のため、臨時に授業を行わなかった場合は、その日数は授業日数には含めない。学年の一部に臨時休業の措置をとった場合には、この限りではないので注意する。

③ 転学または退学の場合

　転学のため学校を去った日、または退学が認められた日までの授業日数を記入する。

＋この欄は学年末に確定した数字を記入するのが原則である。ただし、学年途中に転学・退学等の異動が生じた際には、その時点で記入する。

実務編②

↪ **Q & A1** 参照。
　⇒ p.153

↪学校保健安全法第20条。
〔巻末参照〕
↪ **Q & A2** 参照。
　⇒ p.153

④ 編入学または転入学の場合

編入学または転入学が認められた日を含めて、それ以後の授業日数を記入する。

⑤ 休学の場合

教育委員会の方針により、休学期間の日数を授業日数に含める方法と、休学期間以外の日数を記入する方法がある。

⑥ 留学の場合

その生徒が在籍する学科・学年の生徒と同様に、年間の総授業日数を記入する。ただし、留学が最終学年で行われ、その学年の3月31日を超えて行われた場合は、翌学年の記入欄を最終学年の下に設ける。そして、翌学年の卒業の日までに我が国で実施された授業日数を記入する。

⑦ その他

・分散登校を実施した場合の扱い
・非常時にオンラインを活用して実施した授業

【2】出席停止・忌引等の日数の欄

この欄には、以下に該当する日数を合算して記入する。

> ① 学校教育法第11条による懲戒のうち「停学」の日数
> ② 学校保健安全法第19条による「出席停止」の日数、並びに感染症の予防及び感染症の患者に対する医療に関する法律第19条、第20条、第26条及び第46条による「入院の場合」の日数

Q & A7 参照。
⇒ p.156

Q & A8 参照。
⇒ p.156
✚休学期間の扱いは各教育委員会によって異なるため確認する。

Q & A5 参照。
⇒ p.155
Q & A6 参照。
⇒ p.155

✚インフルエンザ等の出席停止は診断書等により連続した期間が認められるが、出席停止の日数としてカウントされるのは授業日のみである。

144

③　学校保健安全法第 20 条により、「臨時に学
　　年の中の一部の休業を行った場合」の日数
④　忌引日数
⑤　非常変災等、生徒または保護者の責任に帰す
　　ことのできない事由で欠席した場合などで、
　　「校長が出席しなくてもよいと認めた」日数
⑥　選抜のための学力検査の受検その他教育上特
　　に必要な場合で、「校長が出席しなくてもよい
　　と認めた」日数

実務編②

① **停学**

　生徒の起こした問題行動により登校を停止され、それ
が学校教育法第 11 条に規定された懲戒の「停学」（いわ
ゆる「法的効果を伴う懲戒」）であるならば、この欄に出
席停止となった日数を記入する。

② **感染症・インフルエンザによる扱い**

　感染症にかかっている、かかっている疑いがある、又
はかかるおそれがある場合で、生徒個人あるいは学級全
体の出席が停止された日数が該当する。また、感染症の
予防及び感染症の患者に対する医療に関する法律による
医療機関への「入院」日数もこの欄に記入する。

③ **学年の一部の休業**

　「学級閉鎖」等がこれに該当するものであり、その「閉
鎖」期間の日数を記入する。

　また、学年の一部を休業として「分散登校」を実施し
た場合、授業のある生徒は出欠を記録し、授業のない生
徒については、この欄にその日数を記入する。

Q&A9 参照。
⇒ p.157

校長から申し渡さ
れた「家庭謹慎
等」については、
Q&A10 参
照。⇒ p.157

学校保健安全法・
学校保健安全法施
行規則・感染症の
予防及び感染症の
患者に対する医療
に関する法律。〔巻
末参照〕

Q&A3・4 参
照。⇒ p.157

④ **忌引日数**

　忌引日数を合計して記入する。ただし、生徒の忌引に関しては特定の基準がない。都道府県教育委員会が定めた「学校職員の勤務時間、休日・休暇等に関する条例」等を参考に、各学校で内部規定を設けている場合が多い。

Q & A11・12
参照。⇒ p.158
➕学校が定めた忌引に関する規定については、生徒手帳等に記載しておくとよい。

<参考例　東京都の条例（一部抜粋）>

・父母　　　７日	・祖父母　３日
・兄弟姉妹　３日	・兄弟姉妹の配偶者　１日
・おじ、おば　１日	・甥、姪　１日

⑤ **非常変災等の場合**

　地震・風水害・河川の氾濫、火災などの非常変災のために登校できなくなった場合などで、「校長が出席しなくてもよいと認めた」日数を記入する。

　交通機関の事故のため、それ以外の手段では登校できなくなった生徒についても同様の扱いとなる。記入に際しては、「備考」欄にその理由を明記する。

　また、伝染病の流行等でその予防上保護者が生徒を出席させなかった場合、保護者が考えるに合理的な理由があると校長が判断する場合には、指導要録上「出席停止・忌引等の日数」として記録し、欠席とはしないなどの柔軟な取り扱いも可能である。

Q & A3 参照。
⇒ p.154

⑥ **受検（受験）その他教育上特に必要な場合**

　最終学年における入学試験や就職試験により、登校しなかった日数を合算して記入する。

　また、上記①〜⑤に該当しない場合で、校長が教育上

Q & A13 参照。⇒ p.159

特に必要であると判断し、出席しなくてもよいと認めた
日数を記入する。

【3】 留学中の授業日数の欄

　この欄には、校長が「留学を許可した日」から「復学
を許可した日の前日」までに、国内の在籍校で行われた
授業日数を記入する。

＜参考例：第2学年から第3学年にわたる留学＞

　第2学年

　　留学を許可した日から3月31日までの授業日数

　第3学年

　　4月1日から復学を許可した日の前日までの授業日
　　数

⊞この欄に記入すべき生徒は留学を許可された生徒のみである。

実務編②

【4】 出席しなければならない日数の欄

　この欄には、授業日数から出席停止・忌引等の日数及
び留学中の授業日数を差し引いた日数を記入する。

① 　留学のない生徒

　　出席しなければならない日数

　　　＝　授業日数－出席停止・忌引等の日数

② 　留学を行った生徒

　　出席しなければならない日数

　　　＝　授業日数－出席停止・忌引等の日数－留学中の
　　　授業日数

⊞この欄に入る日数は生徒ごとに異なるので、記入にあたっては注意が必要である。

⊞分散登校を実施した場合、授業がある生徒と授業がない生徒がいるため、この欄の記入には細心の注意が必要である。

【5】 欠席日数の欄

　この欄には、「出席しなければならない日数」のうち病
気又はその他の事故で生徒が欠席した日数を記入する。

ここでいう「病気」とは、「出席停止」に該当しない全ての病気をいう。「その他の事故」は、もっぱら生徒自身の責任によって起こったもので、それが理由で登校できなくなった事故は全て含む。

【6】 出席日数の欄

　この欄には、出席しなければならない日数から欠席日数を差し引いた日数を記入する。

　出席日数＝出席しなければならない日数－欠席日数

　なお、次のような場合は、指導要録の出欠の記録においては「出席扱い」とすることができるので、生徒の状況を正確に把握しておく必要がある。

> ①　学校の教育活動の一環として生徒が運動や文化などにかかわる行事等に参加したものと校長が認める場合
>
> ②　不登校の生徒が適応指導教室等学校外の施設において相談・指導を受け、そのことが当該生徒の将来的な社会的自立を助ける上で適切であると校長が認める場合
>
> ③　一時保護が行われている生徒が児童相談所において相談・指導を受ける場面で、その相談・指導が生徒の自立を支援する上で有効・適切であり、用件を満たすと校長が判断する場合

■ **Q&A14** 参照。⇒ p.159「出席扱いできる場合について①」

■ **Q&A15** 参照。⇒ p.160「出席扱いできる場合について②」

■ **Q&A16** 参照。⇒ p.161「出席扱いできる場合について③」

【7】 備考の欄

　この欄には、出欠に関する特記事項等を記入する。

ここでは、必要に応じて次のような内容を記載する。

① 「出席停止・忌引等の日数」に関する特記事項

「出席停止・忌引等の日数」の欄に記入があった場合、感染症・非常変災の内容および理由について記入する。また、忌引の場合や「受検その他教育上特に必要な場合」は、その内容を記入する。さらに、懲戒としての「停学」があった場合は、この欄に理由を記入することとなる。

♥「停学」の場合、その理由の記入に際しては、必要最低限の事項のみにするよう留意する。

② 主な欠席理由

病気あるいは事故などの欠席理由について簡潔に記入する。より客観的な理由を記入すべきで、例えば「怠惰」「不登校」等の主観的な記載は避けるべきである。

欠席理由の記入においては、本人の申告や保護者の届け出による内容を原則とする。

③ 転入学した生徒の、前に在学していた学校における出欠の概要

指導の参考資料として、転入学してきた生徒の出席状況を前の在籍校に遡り記入しておくことは必要である。

④ 遅刻・早退等の状況

遅刻・早退の回数等を記入する場合は、何のために記入するのか、どの程度まで記入するのかなどについて、学校内の共通理解を求めておく必要がある。指導要録のもつ意味からも、生徒理解の資料として記入するのであって、生徒の不利益につながらない配慮が大切である。

⑤ 皆勤・精勤等の状況

この欄を、生徒の積極的な面を評価するという意味で利用することもあろう。そこで、学校内の共通理解のもと定めた「皆勤賞・精勤賞」などの規定があるならば、ここに記入することが考えられよう。

♥皆勤賞を目標にするあまり、発熱や頭痛があっても無理をして登校するようなことがないよう、日頃の指導を徹底しておく。

実務編②

⑥ 「出席日数」に関する特記事項

【6】出席日数の欄の①②③に該当し、校長が「出席扱い」としたなら、それぞれ以下のような記入をする。

---

① 生徒が参加した運動や文化などにかかわる行事等の名称やその理由を記入する。

② 出席扱いとした日数及び生徒が通所もしくは入所した学校外の施設名を記入する。

③ 出席扱いとした日数及び生徒が当該施設において学習活動を行ったことを記入する。

<備考欄の記入例>

・出席停止・忌引等の理由

> 学校教育法第 11 条による停学処分（部外秘）

> 新型コロナウイルスに感染のため　5 日

> 分散登校実施による　　　　　　16 日

> ○○大学の入学試験のため　3 日

> 台風による交通機関の停滞　1 日

> 祖父死亡　忌引5日（遠隔地への旅行日数2日を含む）

♥「停学処分」の記入をした際、取り扱いには十分すぎる配慮が求められる。

・主な欠席の理由

> 風邪および発熱　体調不良

> 交通事故による左足骨折のため入院

・転入学生徒の、前に在学していた学校における出欠の概要

> ○○県立○○高等学校より転入学
> 前在籍校　授業日数 80 日、出席停止・忌引等
> 　　　　　日数 0 日
> 　　　　　出席しなければならない日数 80 日
> 　　　　　欠席日数 2 日、出席日数 78 日

・遅刻・早退、皆勤・精勤等の状況

> 遅刻 5 回、早退 3 回（主に通院のため）

> 無欠席・無遅刻・無早退　皆勤賞（本校規定）

・「出席扱い」とした場合

> 出席扱い 2 日　第○回近畿高等学校卓球選手権
> 大会出場のため

> 出席扱い 70 日 教育支援センター（適応指導教
> 室）

🅱「怠惰」等の主観的な記入は避ける。

🅿校内の共通理解のもと、生徒の不利益につながらない記載にする。

実務編②

＜「出欠の記録」欄の具体的な記入例 ①＞

全日制課程在籍　第1学年で新型コロナに感染　第2学年で「出席扱い」　第3学年で祖父死亡・留学

留学期間：9月1日から翌年8月31日　卒業日9月8日

区分／学年	授業日数	出席停止・忌引等の日数	留学中の授業日数	出席しなければならない日数	欠席日数	出席日数	備考
1	194	21	0	173	2	171	新型コロナウイルス感染症による入院等風邪
2	199	0	0	199	20	179	出席扱い 40 日（教育支援センター）体調不良
3	190	3	129	58	0	58	祖父死亡忌引 3 日
	64	0	60	4	0	4	留学

※出欠の記録の欄の日数については、該当すべき日数がない場合には、空白とせず「0」と記入する。
※ ［別記3］指導要録に記載する事項等に追加する事項の「非常時にオンラインを活用して実施した特例の授業等の記録」の書き方に関しては、「出欠の記録 **Q＆A**」p.163「オンライン授業を実施した際の『別記』記入例」を参照のこと。

＜「出欠の記録」欄の具体的な記入例 ②＞

全日制課程在籍　第1学年で学級閉鎖5日　オンラインを活用した特例の授業14日のうち12日参加

区分／学年	授業日数	出席停止・忌引等の日数	留学中の授業日数	出席しなければならない日数	欠席日数	出席日数	備考
1	194	5	0	189	2	187	学級閉鎖 5 日 オンラインを活用した特例の授業参加日数 12 日
2	195	0	0	195	5	190	風邪、体調不良
3	190	3	0	187	4	183	祖父死亡忌引 3 日

「出欠の記録」の備考の内容を「別記」に転記する

非常時にオンラインを活用して実施した特例の授業等の記録			
第1学年	生徒が登校できない事由	**コロナ臨時休業**（当該生徒が感染症又は災害の発生等により登校できなかった場合、その事由を記入する）	
	オンラインを活用した特例の授業	実施日数 / 参加日数 **14** / **12**	実施方法等 **同時双方向**（当該生徒に対してオンラインを活用した特例の授業を実施した場合に記入する）
	その他の学習等	**ケーブルテレビ**（必要がある場合に、その他の学習その他の特記事項を記入する。特段必要がない場合には記載不要）	

出欠の記録 Q & A

Q&A1　補講の場合の授業日数

Q　担任をしているクラスの大学進学希望者に対し、<u>夏休みに5日間の補講を行った</u>。学年担任団がそれぞれの教科を分担して実施したが、この場合5日間を授業日数として扱ってよいか。

A　学習指導要領では、授業を「特定の学期又は特定の期間（夏季・冬季・学年末等の休業日の期間に授業日を設定する場合も含む。）に行うことができる。」と明示している。実習科目や社会人を非常勤講師として招いた授業などでの活用が考えられる。

　しかし、これは学校が定めた年間計画に従って実施した場合である。この事例の場合には、担任の発意で、進路実現を援助しようとクラスの進学希望者を対象に補講等を行ったものなので、授業日数としては扱えない。

⊕各教科の特質に応じて「特定の期間」に集中して授業を行ったほうが効果的な場合に、授業日を夏季・冬季休業日等に設定することができる。

Q&A2　学年閉鎖の場合の授業日数

Q　感染症が流行して、<u>第2学年の各クラスから相当数の感染者が出たので、5日間の「学年閉鎖」を行った。</u>この場合、5日間は授業日数として算定するのか。

A　学校保健安全法第20条の規定に基づき、臨時に、学校の全部又は学年の全部の休業を行った場合、その日数は授業日数には含めない。この事例は1学級のみの「学

⊕ただし、「学級閉鎖」や個人的な理由によって登校しないような日数は、授業日数とするので注意する。

級閉鎖」とは異なるので、授業日数に算定しない。

Q&A3　登校させないと申し出があった生徒の扱い

Q　感染の不安を理由に、保護者から登校させないと申し出があった生徒の授業日数はどう扱ったらよいか。

A　学校保健安全法施行規則の一部を改正する省令では、例えば、生活圏において感染経路が不明な患者が急激に増えている地域で、同居家族に基礎疾患のある高齢者がいるなどの状況があって、他に手段がないなど、合理的な理由があると校長が判断する場合には、「出席停止・忌引き等の日数」として扱うことも可能であると示されている。校長の判断にしたがい学校で統一して対応すること。

令和５年５月８日から新型コロナウイルス感染症の法律上の位置付けが変更されたことを踏まえ、学校保健安全法施行規則に規定する学校において予防すべき感染症の種類等についても改正が行われた。「学校保健安全法施行規則の一部を改正する省令」参照。

Q&A4　発熱等の風邪の症状で欠席した生徒の扱い

Q　新型コロナウイルス感染症の流行が繰り返されるなか、発熱等の風邪の症状があったため欠席した生徒がいる。この生徒の欠席日数はどのように扱えばよいか。

上記「ガイドライン」参照。

A　当該生徒の感染が確認された場合は出席停止の措置を行う。基本的には「発症した後五日を経過し、かつ症状が軽快した後一日を経過するまで」を基準に対応する。なお、発熱や咽頭痛、咳等の普段と異なる症状がある場合には、無理をして登校しないよう周知・呼び掛けを行うことが重要である。

Q&A5　分散登校で出席しなかった日数の扱い

Q　学校は休業していないが、**学年単位で分散登校を実施した。**指導要録にはどのように記載すればよいのか。また、**分散登校を欠席した生徒はどう記載すればよいか。**

A　学年単位で登校日を設定した場合は、授業日数になる。文部科学省のガイドラインにしたがい、分散登校の対象者で出席しなかった日数は欠席日数となる。ただし、家族に基礎疾患のある高齢者がいるなどの状況があって、他に手段がないなど、合理的な理由があると校長が判断する場合には、「出席停止・忌引き等の日数」として扱うことも可能であると示されている。

　学年の半分を分散登校、半分を休業日とした場合は、休業日に該当する授業日数は「出席停止・忌引き等の日数」として扱い、「出席すべき日数」から減じる。

Q&A6　非常時にオンラインを活用して実施した授業

Q　休業中の**オンライン授業はどのように記録すればよいのか。**

A　文部科学省では、令和3年度から指導要録に「非常時にオンラインを活用して実施した特例の授業等の記録」を追加することを示した。登校できない理由とともに、実施日数、参加日数、実施方法等を「指導に関する記録」に別記として加えることとなった（p.163「オンライン授業を実施した際の『別記』記入例」参照）。

◨「出席停止・忌引等の日数」の欄の名称を下記のような理由により「出席停止・忌引・その他出席しなくてよい」等と認めた日数」等と変更することが可能。文部科学省の通知ではオンラインを活用した授業を受けたにもかかわらず、分散登校により学年の一部を休業した場合には、その日数が「出席停止・忌引き等の日数」の欄に記録される。そのことに不安を感じる生徒や保護者がいる。

▱文部科学省ホームページ「感染症や災害の発生等の非常時にやむを得ず学校に登校できない児童生徒の学習指導について（通知）」参照。

▱文部科学省ホームページ「高等学校及び特別支援学校高等部の指導要録に記載する事項等に追加する事項」参照。

Q&A7　転入生の場合の記入

Q　4月6日に転入学してきた生徒がいる。この生徒の場合、**転入学が認められた4月6日は授業日数に含めるのか**。

A　転入学（転学）については、生徒の学籍に中断や重複が起こらないように注意が必要である。この事例の場合、「学籍の記録」の「転入学」欄に『転入学を認めた年月日（〇年4月6日）』を記入する。また、授業日数については、転入学を認めた日を含めて算定することになっているので、4月6日を授業日数に含めて記入する。

Q&A8　休学の場合の授業日数

Q　医師の診断で3ヶ月以上の病気入院が必要となったので、保護者から休学の申し出があり、**7月1日からの休学が認められた**。この場合、「出欠の記録」欄はどのように記入すればよいか。

A　まずは、休学が認められた期間を「学籍に関する記録」の「留学等」欄に記入する。

　「出欠の記録」欄の「授業日数」については、『休学を許可した日の前日まで』の授業日数を記入する。この事例の場合は、6月30日までに実施された授業日数を合計して記入する。また、欠席日数についても同様に、6月30日までを合計して記入する。

⊕ここでは東京都の記入の仕方を示したが、休学の扱いは各教育委員会によって異なる。休学期間の日数を授業日数に算入したり、欠席日数として扱ったりする場合もあるので、記入に際しては各教育委員会に確認する。

Q&A9　停学の場合の記入

Q　生徒が、**懲戒による「停学」となった**。このような場合、「出欠の記録」欄にはどのように記入すればよいか。また、その際配慮すべき事項は何か。

A　学校教育法第11条の懲戒による「停学」の場合は、その日数は出席停止の日数として扱う。したがって、この事例の場合は、「出席停止・忌引等の日数」欄に記入する。

　ただし、学校教育法施行規則第26条なども参考に十分配慮するとともに、指導要録の記載に関しても考慮し、外部に対しては秘密扱いを求められる事柄もあるので、備考欄の扱い等は「部外秘」とする旨を付記するなどの配慮が必要であろう。

▶学校教育法第11条。〔巻末参照〕

▶学校教育法施行規則第26条。〔巻末参照〕

実務編②

Q&A10　家庭謹慎の場合

Q　生徒が、**喫煙行為によって「家庭謹慎3日間」を校長より申し渡された**。この場合は、「出席停止」として扱ってよいか。

A　「謹慎」とは、学校教育法第11条による懲戒のうちの「停学」ではなく、あくまでも生徒指導上の措置である。従って、この事例の3日間は出席停止として扱うことはできない。

　ただし、学校に登校しなかったとして、この3日間を「欠席」扱いとした場合は、進級・卒業の成績会議等で「生徒に不利にならない」よう慎重な対応が必要である。

⊕「学校謹慎」を行った場合は、登校の事実があることから「欠席日数」には含めないのが一般的である。

Q&A11 　忌引等の日数の扱い

Q　生徒の祖父が亡くなり、忌引の扱いをすることになった。ただ、祖父の家は遠方で、往路に１日を要する。この場合、<u>往復の２日間を忌引日数と扱ってよいか</u>。

A　葬儀等のために遠隔地まで旅行する必要がある場合は、実際に要した旅行日数を「忌引等の日数」として扱う。したがって、事例の場合は祖父の忌引日数「３日」と、旅行に要した日数「２日」を合算して、「出席停止・忌引等の日数」欄に記入する。

　また、学期途中で遠隔地の学校に転学する生徒の場合も忌引と同様、その旅行期間を前在籍校で「出席停止・忌引等」の扱いとする。

Q&A12 　追悼に関する忌引等の扱い

Q　父親を亡くした生徒から、<u>四十九日を行うのでその日を忌引扱いにできないか</u>との申し出があった。この場合は、どのように扱ったらよいか。

A　自治体によっては「学校職員の勤務時間、休日・休暇等に関する規則」の「忌引」の項に、「父母の追悼」を規定しているところもあり、例示として「父母の四十九日、一周忌」があげられている。この例からも社会通念上、生徒の「父母」の四十九日の場合は忌引として認めてよいと考えられる。学校内で検討し共通理解を得ておく必要がある。

➕「追悼」の範囲を定めることは、難しい面がある。生徒の不公平感を招かぬよう、あらかじめ検討しておく必要がある。

Q&A13 「出席停止等」として扱ってよい場合とは

Q 「出席停止・忌引等」として扱ってよい受検（受験）以外の「その他教育上特に必要な場合」とは、どのような場合か。

A 例えば、被害者・加害者を問わず、犯罪に巻き込まれた場合などが想定される。警察の聴取を受けたため、全く登校できないこともある。また、交通事故等の目撃者となり、警察から捜査協力を求められて登校できなかった場合なども考えられる。

その他、想定外の事態はありうるが、校長が出席停止扱いが「必要であると判断する」ことが基準となる。

Q&A14 「出席扱いできる」場合について①

Q 「学校の教育活動の一環として生徒が運動や文化などにかかわる行事等に参加」した場合には、「出席扱いできる」とされているが、この『運動や文化などにかかわる行事等』とは、具体的にどのようなものが考えられるか。

A ここでいう「行事等」とは、公的機関の主催する校外での教育的活動で、生徒の参加が適当であると「校長が認める場合」をいう。例えば、高等学校体育連盟や高等学校文化連盟が主催する公式大会やコンクールが該当する。

また、あらかじめ指導計画の一環として各学校が設定したものならば、例えば、校内の新入生歓迎会に生徒会長が参加する等の場合も、校長が適当と認めれば出席扱

⊕「公式大会」には、地区大会・都道府県大会・地方大会・全国大会が該当する。

いすることも可能である。

Q&A15 「出席扱いできる」場合について②

Q 不登校の生徒が、学校外の施設において相談・指導を受けている場合、<u>指導要録上「出席扱いができる」学校外の公的機関や民間施設とは、どのような施設が考えられるのか。</u>

A 文部科学省は、不登校生徒が学校外の施設で相談・指導を受け、学校復帰に努力をしていることを評価・支援しようと、下記のような出席扱いの要件を示した。

① 保護者と学校との間に十分な連携・協力関係が保たれていること。

② 当該施設は、教育委員会等が設置する適応指導教室等の公的機関とするが、公的機関での指導の機会が得られない場合や通うことが困難な場合で、本人や保護者の希望もあり適切と判断される場合は、民間の相談・指導施設も考慮されてよいこと。

③ 当該施設に通所又は入所して相談・指導を受ける場合を前提とすること。

ここでいう「公的施設」とは、各教育委員会が設置した教育支援センター（適応指導教室）などが該当する。

また、「民間施設」とは、具体的な例は示されていないが、フリースクールやNPO法人の設置施設などが考えられる。この「民間施設」については、各都道府県教育委員会が『不登校児童生徒の民間施設に関わるガイドライン』等の名称で、「出席扱いできる」施設を校長が判断

⊕出席が認められた場合には、出席日数の内数として出席扱いとした日数及び生徒が通所若しくは入所した学校外の施設名を備考欄に記入する。

する指針を作成している。これを参考として、当該施設の活動を把握し、総合的に判断する必要がある。

Q&A16 「出席扱いできる」場合について③

Q 児童相談所で一時保護されている生徒が、当該施設で指導を受けた場合に「出席扱いできる」とされているが、どのような要件が必要か。また、指導要録にはどのように記載すればよいか。

A 一時保護が行われている児童生徒は、当該措置が行われる間、学校へ通うことができなくなることがある。

そのような生徒に対し、文部科学省は、相談や指導の内容が当該生徒の自立を支援するために有効・適切であり、校長が下記の要件を満たすと判断した場合は出席扱いができると示した。

① 当該施設と学校との間において、児童生徒の生活指導や学習指導に関し、十分な連携・協力が保たれていること。

② 当該施設において、児童生徒の状況に適した学習環境が整えられているなど、適切な相談・指導が行われていることが確認できること。

なお、指導要録上「出席扱い」とした場合は、出席日数の内数として出席扱いとした日数及び当該施設において学習活動を行ったことを記入する。

一方で、心身の状態から学習が困難であったり、学習が行われていない場合は、校長が出席しなくてもよいと認めた日数として扱うのが適当である。

📱文部科学省ホームページ「一時保護等が行われている児童生徒の指導要録に係る適切な対応及び児童虐待防止策に係る対応について」参照。

Q&A17　ボランティア活動の扱い

Q　生徒が、平日の午後に早退して**学校外の老人施設の**
ボランティアを体験した。保護者の勧めで自主的に行っ
たものである。これについて、その保護者から午後の授
業を出席扱いにできないかとの申し出があった。どのよ
うに扱ったらよいか。

A　学校教育法施行規則第98条及び平成10年度文部省
告示第41号の規定により、平成10年4月より、学校外
におけるボランティア活動、就業体験等を科目の履修と
みなし、当該科目の単位を与えることが可能となってい
る。ただし、これは関連する既存の科目の増加単位と認
定したり、独自の学校設定教科・科目を設けたりするこ
とで認められるものである。
　したがって、この事例のように学校の指導計画に基づ
いたものではなく、教科・科目との関連性もない「自主
的に行った」ボランティア活動は出席扱いにはできない。

＜オンライン授業を実施した際の『別記』記入例＞（東京都の例を参考に作成）

※オンラインを活用した特例の授業又はその他の学習等に記載すべき事柄がない場合には記載不要

高等学校（全日制の課程・定時制の課程）生徒指導要録（参考様式）
様式２（指導に関する記録）別記

生　徒　氏　名

非 常 時 に オ ン ラ イ ン を 活 用 し て 実 施 し た 特 例 の 授 業 等 の 記 録				
第1学年	生徒が登校できない事由			
	オンラインを活用した特例の授業	実施日数	参加日数	実施方法等
	その他の学習等			
第2学年	生徒が登校できない事由	コロナ臨時休業 （当該生徒が感染症又は災害の発生等により登校できなかった場合、その事由を記入する）		
	オンラインを活用した特例の授業	実施日数	参加日数	実施方法等
		25	**20**	同時双方向 （当該生徒に対してオンラインを活用した特例の授業を実施した場合に記入する）
	その他の学習等	ケーブルテレビ （必要がある場合に、その他の学習その他の特記事項等を記入する。特段必要がない場合には記載不要）		
第3学年	生徒が登校できない事由	コロナ臨時休業 大雨臨時休業		
	オンラインを活用した特例の授業	実施日数	参加日数	実施方法等
		20	**15**	同時双方向 インターネット上での課題の配信・提出 チャットによる質疑応答・意見交換
	その他の学習等	個別指導（電話）		
第4学年	生徒が登校できない事由			
	オンラインを活用した特例の授業	実施日数	参加日数	実施方法等
	その他の学習等			

実務編②

163

どうする「特別活動の観点の設定」

1. 評価の観点をだれが、どのように決めるのか

　特別活動の記録において、「評価の観点」は学校が自ら定めることになっています。みなさんの学校ではどのように定めますか。『改善等について（通知）』には「学習指導要領の『特別活動の目標』と自校の実態を踏まえ、改善等通知の例示を参考に」設定するとあります。卒業後の生徒像も明確にしながら定めていく必要があります。

2. 生徒の実態を適切にとらえるための多様な資料

　第一は生徒の実態を適切にとらえ、自校の課題を設定することです。そのための資料には、以下のものなどが考えられます。

　①管理職、教職員、生徒、保護者、地域住民などに行ったアンケートやヒアリング、意見交換会等の結果

　②従来実施している学校評価の結果

　③認知能力の診断テストの結果（定期考査や外部機関模試等）

　④非認知能力の診断テストの結果（外部機関アセスメント）

　これらを活用して生徒の実態を多角的に理解する必要があります。

3. 卒業後の具体的な生徒像（ゴール）を描き合意形成を図る

　第二にゴールを明確にすることです。みなさんの学校では、校訓や教育目標が掲げられているだけになっていないでしょうか。急速な社会の変化に応じて学習指導要領も変化しています。そこで、校訓や教育目標を教職員全員で議論し見直すことを提案します。それは学校で育成した生徒に、「卒業後の社会では、こんな風に活躍してほしい」という願いを再認識しつつ合意形成を行うことにもつながるからです。評価の観点の設定作業は、課題解決のために話し合い、合意形成を図るという「特別活動」の目標を達成できる資質・能力が「教員集団」にあるかが試されているといえるかもしれません。

第 ③ 章

実務編③　通信制における参考様式と記入例

1. 記入にあたって

　通信制には転編入の生徒が多数入学している。高校の籍が継続する「転入」の場合は、前籍校から指導要録の写しが送られてくるので、それに基づき指導要録を作成する。一方、「編入」の場合には、写しは一般的に送られてこないので、受検（受験）時に提出された単位修得証明書などを根拠に指導要録を作成する。転入、編入いずれであっても、前籍校からの単位などを間違いなく引き継ぐことが重要である。

(1)　様式について

　通信制高校は「単位制」のことが多いため、生徒に関わる記録は「学年」という表記ではなく「年度」を単位として行うことが通常である。例えば、在籍年数の上限を 6 年と定めている場合は、年度欄も 6 年分が記載できるように設定する。また、単位制であってもホームルームを設置する学校も多く、表記上「○年△組」と記載することもある。

　様式については、今次の学習指導要領の改訂を受けて改善された点を踏まえて準備する。改善点は序章で確認していただきたい（p.13「指導要録の主な改善点について」参照）。その上で、それぞれの学校の教育課程の編成、内規などの実態をベースにして工夫していくことになる。

(2)　作成にあたっての留意点

　次の項目以降で通信制課程における「学籍に関する記録（様式 1）」「各教科・科目等の修得単位数の記録（様式 1 裏面）」「指導に関する記録（様式 2）」について、特に留意すべき点などについて具体的に記載する。

　記入の時期、変更事由が発生した場合の処理、誤記の場合の処理については全日制と同様である。（p.32 ～ 33 参照）

2. 記入の実際

(1) 学籍に関する記録（様式 1 表面）

■記入要領⇒ p.177

【1】 整理番号の欄

転編入や退学などの多い実態から、全日制同様の出席番号以外にも、通信制では入学年度や願書受付番号、スクーリング日の違いなどを示す番号を表記した整理番号を付して、入学から卒業まで通して使うことも多い。例えば下記のような例がある。

＜整理番号の記入例 1 ＞

整理番号	2205H001

「22」は入学した年度が 2022 年度であることを示す。次の「05」は、土曜にスクーリングを設定している生徒であることを示す番号。通信制は、週に 1 回から数回、スクーリングとして面接指導を受けるため学校に登校する。その登校日を番号や記号で示すことが多い。「H」は編入学を示す。転入学の場合は「T」と記す。最後の「001」は入学願書提出の際の受付番号を示す。

⊕日曜にスクーリングを受ける場合は、例えば「01」などと示す。

実務編③

＜整理番号の記入例 2 ＞

整理番号	22W23H45

「22」は入学した年度が 2022 年度であることを示す。次の「W」は水曜スクーリングの生徒であることを示す。「23H45」の「2」はクラス名、「3」は入学が 3 セメスター（2 年次の春学期）であることを示す数字、「H」は編入学を示す記号、「45」はクラスの出席番号である。個々

⊕この例のようにセメスターが設定されている場合は、「1」は 1 年次春学期入学、「2」は 1 年次秋学期入学、「3」は 2 年次春学期入学、と順に番号で示す。

の生徒の入学時の様々な条件の違いを、整理番号のなか
に工夫して表現する仕組みになっている。

【2】　保護者等の欄

保護者等	ふりがな	やまぐち　まさひこ
	氏　名	山口　雅彦
	現住所	生徒の欄に同じ

保護者等	ふりがな	たかはし　　ひろし
	氏　名	保証人　髙橋　宏
	現住所	○○県○○市○○町○丁目○番○号

　生徒に対して親権を行う者（保護者）の記入で、親権
を行う者がいない場合は後見人を記入する。すでに成人
に達している生徒の場合は保証人の記入等、全日制と同
様である。通信制には成年に達している生徒も多く在籍
していて、保証人を記載する割合は全日制などと比べて
多い。

【3】　入学・編入学・卒業等の欄

　年月日は入学（含編入学）を許可した日である。通信
制は一般的に４月半ば以降が入学の日となる。そのため
転入の場合には前籍校に４月半ば以降まで在籍すること
になるので、前籍校で４月分の授業料が徴収されること
が普通である。春学期・秋学期と１年に２回入学の時期
を定めている場合もある。卒業についても、３月卒業と

⊕入学前の経歴では
「中学校名」は必
ず記入。

⊕単位制課程への
編・転入学では校
長の定めた「在籍
すべき期間」の項
目を加える。

9月卒業を定めている場合もある。

　編入学の場合も転入学の欄同様、在籍した学校名、在籍期間などを記入しておくことは差し支えないので、記載しておくことを勧める。

（2）　各教科・科目等の修得単位数の記録（様式1裏面）

記入要領⇒ p.178

　様式1のみが20年間保存とされており、卒業後5年を超えると様式2は破棄される。成績は様式2のみに記載されるので、成績と修得単位数の併記された調査書などは卒業後5年以内にしか発行できないこととなる。5年を超えて20年までは単位修得証明書のように、修得単位のみについての証明ができることになる。その際の根拠となるのがこの様式1である。

　生徒（卒業生）に、進学や就職で不利な状況が生じないような配慮として、様式1の裏面には修得単位数以外に下記のような追加記載事項が考えられる。追記のための「備考」欄を下段に設定しておくとよい。

【1】　備考の欄に記入する内容

・外国籍生徒の通称名
・氏名変更があった場合（年月日）。必要があればその事由
・住所変更があった場合（年月日）。必要があればその事由
・単位を修得しないで、履修のみを認定した場合。修得単位数の計の欄に斜線を引き、備考欄に科目名、履修年月日を記入

- 各自治体によって特別な教育課程を届けているような場合
- 高校学校卒業程度認定試験に合格した科目で、学校が認定した場合、認定した科目名、単位数、認定年月日
- 他校、他課程の併習によって修得した科目名の表記

【2】 様式 1 裏面の記載についての一般的な留意点

- 体育、英語、数学など分割履修した科目は、修得単位の合計を記入
- 前籍校での修得科目、単位は、同一科目については合計の単位数を記入
- 備考の欄の記入は、転居など事実を確認した時点で随時記入

(3) 指導に関する記録（様式 2）

■記入要領⇒ p.179

【1】 各教科・科目等の学習の記録の欄

　通信制課程の各教科・科目等の学習の記録は、全日制課程と異なり、一人ひとり修得科目と修得単位数が異なる点に特徴がある。特に複数校に在籍したり、在籍校以外での修得単位がある場合などは注意が必要である。必履修科目の未履習や、各学校が定める各科目の修得単位数の上限にも留意する。通信制課程での単位修得の方法は、以下①〜④のような例があり、多岐にわたる。

　調査書を発行する際には、前籍校を含めた指導要録の記録に基づいて作成する。調査書は卒業を前提に発行するため、履修中の科目についても記載し、必修科目を含め卒業単位を満たす見込みであることがわかるように作

＋各科目の修得単位数については、都道府県教育委員会作成の「教育課程編成の手引き」等にしたがうこと。

＋面接指導（スクーリング）と添削指導の標準の回数についても、学習指導要領や各教育委員会作成の「教育課程編成の手引き」にしたがうこと。

成する。卒業単位数の不足や、必履修科目の未履修等がないよう、複数の教師で確認するなどミスが起こらない体制を普段から築いておく必要がある。

《記入上の注意等》

① 前籍校で修得した単位を認定した場合

　転入生について、前籍校での修得した単位は、引き継いだ指導要録に基づいて記録する。生徒の転入後、前籍校から指導要録の抄本（写し）が届くはずであるが、届いていない場合には速やかに照会する。また一旦退学したのちに再度高校に編入する場合には、指導要録の抄本（写し）は送られてこないので、受検（受験）時に提出された単位修得証明書などの記載を確認し、指導要録に転記することが必要となる。学習指導要領の一覧にない学校設定科目についても、前籍校での記録に基づいて転載する。前籍校が複数になる場合は、単位を修得した学校と修得年度がわかるように記録する。

② 高等学校卒業程度認定試験の合格科目を各教科・科目の単位として認定した場合

　高等学校卒業程度認定試験（以下、「高認」と表記）の合格科目については、あらかじめ校長が定めた学校の規定に基づき、相当する科目の履修とみなし単位を認定することができる。科目合格証の原本を照合して手続きする。観点別学習状況と評定は記載せず、修得単位数のみ記載する。備考欄に、高認による単位修得であること及び修得年度を記載する。高認による単位修得合計は、各学校において上限単位数を設定していることがあるため、上限を確認して記載する。

➕転入時の書類に記載された修得単位と、後から送付される指導要録の修得単位は異なる場合がある。必ず指導要録で確認する。

➡第2章 2.記入の実際（2）【10】備考の欄参照。⇒p.76

➡学校教育法施行規則第100条。〔巻末参照〕

➕高認は年2回実施されるが、2回目の合格発表は12月上旬である。第2回の単位修得を卒業単位と見込んで入試に出願する際は注意が必要である。

➡第2章 2.記入の実際（2）【10】備考の欄参照。⇒p.74

実務編③

③ **定時制課程や他校の定時制・通信制課程での併修で修得した科目を単位認定した場合**

在籍する高等学校の定時制課程又は他校の定時制課程もしくは通信制課程で一部の科目の単位を修得したときに、それを現籍校の単位として認定することができる。その際は備考欄に、修得した単位数、観点別学習状況、評定と共に、併修先の学校名・課程及び修得年度を記載する。併修による単位認定は認定条件や上限単位数を設定している場合もあるため、上限を確認して記載する。

④ **留学した海外教育機関での単位修得を認定した場合**

留学により海外において修得単位がある場合、科目ごとに修得単位を読み替えるのではなく一括して認定することが多い。一括認定できる単位数の上限は36単位である。学校で上限単位数を設定している場合もある。認定した単位数を「留学」の欄に記載する。必履修科目の修得について条件を定めている学校もあるので注意する。

⑤ **その他の注意事項**

・分割履修の場合

複数年度に分割して単位修得した場合、各年度の欄に修得単位数と観点別学習状況、評定を記載する。

・評定「1」の場合

評定欄に1を記入する。修得単位数の欄には斜線または0を記入する。この場合は、単位認定はされないが、履修は認められる（履修認定）。

・高等専修学校等との技能連携

技能連携により修得した単位を自校の単位として認定した場合は、備考の欄にその旨を記載する。

高等学校通信教育規程第12条。〔巻末参照〕

第2章 2. 記入の実際（2）【10】備考の欄参照。⇒p.75

学校教育法施行規則第93条。〔巻末参照〕

第2章 2. 記入の実際（2）【8】留学の欄参照。⇒p.66～68

第2章 2. 記入の実際（2）【4】修得単位数の欄参照。⇒p.62～64

第2章 2. 記入の実際（2）【10】備考の欄参照。⇒p.76

＜各教科・科目等の学習の記録の欄の記入例＞

教科	科目	令和○年度			令和□年度			令和△年度			修得単位数の合計	備考
		観点別学習状況	評定	修得単位数	観点別学習状況	評定	修得単位数	観点別学習状況	評定	修得単位数		
国語	現代の国語	ABB	注①3	2							2	前籍
地歴	地理総合							ABB	注③3	2	2	併修
	歴史総合	BBA	注①3	2							2	前籍
	日本史探究				ABC	3	2	ABB	3	2	4	
公民	公共					注②2						高認
数学	数学Ⅰ				CCC	1	0					

注①：令和○年度の評定及び単位は、前籍校○○高等学校で修得したもの
注②：令和□年度「公共」の単位は、高等学校卒業認定試験合格科目を本校で
　　　単位認定したもの
注③：令和△年度「地理総合」の評定及び単位は、△△高等学校での併修によ
　　　り修得し本校で認定したもの

【2】 総合的な探究の時間の記録の欄

　通信制課程では、総合的な探究の時間の内容が生徒ごとに異なる場合が少なくない。生徒一人ひとりが何を探究したかについて十分把握し、学校が作成した観点に基づいて評価する。総合的な探究の時間の必修単位数は3単位以上であるが、複数年度にわたって修得すべきことが定められている。前籍校の記録については、そのまま転載する。

■第2章2.記入の
実際(3)総合的な探
究の時間の記録参
照。
⇒ p.78 ～ 87

実務編③

＜総合的な探究の時間の記録の欄の記入例＞

【「進路・キャリア」に関すること】

学習活動	「管理栄養士」になるという将来の進路希望実現のために、専門学校や短大、大学などの様々な情報収集を行った。集めた資料を比較する表にまとめて、詳細な分析を行った。
観点	・管理栄養士の仕事の意義に気づいている ・健康と栄養に関連するテーマについて考察している ・健康や環境を大切にした生き方を実現しようとしている
評価	調理師として働きながら学ぶという、今の自分の条件のなかで学び続けられる大学を選択することができた。現代の「食」に関する様々な問題に気づき、管理栄養士として仕事を続けることで多くの社会的貢献ができるようにと、いつも考える姿勢が身についた。

【3】 特別活動の記録の欄

　通信制課程では3年間で30時間以上の特別活動の時間に出席することが卒業要件として定められている。通信制課程での特別活動（ホームルーム活動、学校行事、生徒会活動）は、集団としての活動より、個人での学習・学校生活に着目して記載することが多い。

■第2章2.記入の実際(4)特別活動の記録参照。
⇒p.88～90

＜特別活動の記録の欄の記入例＞

内容	観点 ＼ 年度	年度	年度	年度
ホームルーム活動	よりよい生活を築くための知識・技能。	○		
生徒会活動	集団や社会の形成者としての思考・判断・表現。		○	
学校行事	主体的に生活や人間関係をよりよくしようとする態度。	○		○

【4】 総合所見及び指導上参考となる諸事項の欄

▶記入例⇒ p.180

　通信制課程には様々なバックグラウンドをもつ生徒が在籍することが少なくない。全日制課程のような集団のなかでの役割よりも、個人に焦点をあてた学校生活の記録が中心となる。教師には生徒一人ひとりを理解しながら、多面的・総合的にとらえる姿勢が求められる。

〈記入文例〉

➕全日制・定時制の記入文例も参考にできる。⇒ p.91 ～ 142

□東北地方から東京への遠距離通学でありながら、スクーリング日は欠席することなく出校し、友人と共に学ぶ楽しさを得ながら充実した学校生活を送った。

□社会人として働きながら日曜スクーリングに出席し、職業と学業の両立を果たした。部活動にも参加して10代の生徒と交流を図り、良い手本となった。

□プロのスポーツ選手を目指してクラブチームに所属しながら学業との両立に励んでいる。国際大会出場のための海外滞在時にも欠かさず報告課題を提出した。

□中学校での不登校を克服してスクーリングによく登校し、学校行事にも積極的に参加した。生徒会副会長を務め、明るく活発に活動して学校運営にも貢献した。

実務編③

【5】 出校の記録の欄

　実際に生徒が出校した年度間の総日数を記入する。この日数には、生徒が面接指導等のために、協力校、その他学校が定めた場所に出校した日数を含むものとする。

　転学又は退学をした生徒については、転学先の学校が受け入れた年月日の前日又は校長が退学を認めた（命じた）年月日までの出校日数を記入し、編入学又は転入学をした生徒については、編入学又は転入学をした日からその年度の終わりまでの出校日数を記入する。

　今日では、校外での合宿集中スクーリングや登校型など多様な形態の通信制課程が存在するが、いずれの形態においても（遅刻・早退にかかわらず）生徒の面接指導のためのスクーリング出校日数について記録する。部活動や生徒会活動など、正規スクーリング日以外の出校日については記載しない。

　出校の状況に関する特記事項のほか、ラジオ、テレビ放送その他の多様なメディアの利用により、各教科・科目又は特別活動についての面接指導時間数の一部が免除された結果として出校する必要のなくなった日数等についても備考欄に記入しておく。

＜出校の記録の欄の記入例＞

出校の記録		
年　　度	出校日数	備　　考
令和〇年度	14	ホームルーム出席日数
令和□年度	12	ホームルーム出席日数
令和△年度	13	ホームルーム出席日数

通信制 様式 1 表面（学籍に関する記録）記入要領

単位制ではあっても、便宜上学年・組などを定めている場合にはこのような欄の工夫もある。

区分 年度	令和 年度	令和 年度	令和 年度	令和 年度	令和 年度	令和 年度	令和 年度
ホームルーム	年 組	年 組	年 組	年 組	年 組	年 組	年 組
整理番号	

整理番号： 2 2 0 5 H 0 0 1

転入、編入の場合には、在学すべき期間を忘れずに記入する。

学 籍 の 記 録

生徒	ふりがな	~~さとう~~ はなこ すずき	性別	女	入学・編入学	令和 ○ 年 ○ 月 ○ 日 ~~第　　学年　入学~~ 第　○学年編入学 （在学すべき期間　令和○年○月○日まで） ○○県立○○高等学校　全日制課程 平成○年○月〜平成○年○月　在籍
	氏名	~~佐藤　花子~~ 鈴木 花子				
	生年月日	平成○年○月○日			転入学	令和　　年　　月　　日 第　　学年転入学 （在学すべき期間　令和○年○月○日まで）
	現住所	○○県　○○市　○○町 ○丁目　○番　○号				
保護者等	ふりがな	たかはし　ひろし			転学・退学	
	氏名	保証人　高橋　宏			留学等	令和　　年　　月　　日 〜令和　　年　　月　　日
	現住所	○○県　▽▽市　△△町 ○丁目　□番　△号			卒業	令和　○年　3 月　15 日
入学前の経歴		令和　○年　3 月　○日 ○○市立　○○中学校卒業			進学先 就職先等	○○▽▽株式会社 ○○県　○○市 ○丁目　○番　○号

学校名 及び所在地 （分校名・所在地等） 課程名・学科名	○○県立　○○高等学校 ○○県　○○市　○○町　○丁目○番○号 通信制課程　普通科

年度 区分	令和　　年度	令和　　年度	令和　　年度	令和　　年度	令和　　年度	令和　　年度
校長氏名印	山崎　功	山崎　功	奈良　緑			
ホームルーム 担任者氏名印	立川　弘美	大宮　晃	大宮　晃			

氏名の変更などのことも考えて、上部に詰めて記入する。ふりがなの欄も同様。

年度途中での変更の可能性もあるので、上部に詰めて記入する。

実務編③

通信制 様式1裏面（各教科・科目等の修得単位数の記録）記入要領

教科	科目	修得単位数の計
国語	現代の国語	2
	言語文化	2
	論理国語	4
	文学国語	4
	国語表現	4
	古典探究	
地理歴史	地理総合	2
	地理探究	
	歴史総合	2
	日本史探究	4
	世界史探究	
公民	公共	2
	倫理	
	政治・経済	2
数学	数学I	
	数学II	4
	数学III	
	数学A	2
	数学B	
	数学C	
理科	科学と人間生活	
	物理基礎	2
	物理	
	化学基礎	2
	化学	
	生物基礎	2
	生物	
	地学基礎	
	地学	

（左側：各学科に共通する各教科・科目）

教科	科目	修得単位数の計
保健体育	体育	7
	保健	2
芸術	音楽I	2
	音楽II	
	美術I	
	美術II	
	書道I	
	書道II	
	工芸I	
	工芸II	
外国語	英語コミュニケーションI	3
	英語コミュニケーションII	4
	英語コミュニケーションIII	
	論理・表現I	2
	論理・表現II	2
	論理・表現III	
家庭	家庭基礎	2
	家庭総合	
情報	情報I	2
	情報II	
理数	理数探求基礎	
	理数探求	
	環境基礎	2
学校設定教科		

（左側：各学科に共通する各教科・科目）

教科	科目	修得単位数の計
情報	社会と情報	2
家庭	生活デザイン	4
商業	簿記会計I	4
学校設定教科		

（左側上：各学科に共通する各教科・科目／主として専門学科において開設される各教科・科目）

総合的な探究の時間	3
留学による修得単位数	
修得単位数　合計	81

備考
- 数学I（4単位）は令和○年3月に履修を認定。
- 歴史総合（2単位）は令和○年高等学校卒業程度認定試験合格により認定。
- 旧課程科目の「社会と情報」「生活デザイン」は前籍校で修得。
- 結婚（令和○年）により旧姓（佐藤）から鈴木に姓が変更。
- 令和○年○月○日、転居により住所変更。

通信制では備考欄に記入することが多くなる可能性があるので、欄を大きめに設定しておくほうがよい。

（右側の注釈）

前籍校で修得した旧課程の科目についても、欄を分けてそのまま記入する。

前籍校が商業、工業、その他の専門高校の場合などは、「主として専門学科において開設される各教科・科目の欄に、教科名、科目名、単位数」などを転記する。

通信制 様式２（指導に関する記録）記入要領

前籍校での修得単位のある場合に、このような入学時の修得単位を記入する欄を設けておくとよい。

備考欄には、前籍校での既修得科目については修得した年度を「令和○年度」と書いたり、「前籍」と書く。高認の場合には「高認」と記し、観点別学習状況の評価や、評定の欄には斜線を引いて、単位数のみ記入する。

実務編③

編入などで、前籍校での既修得の科目がある生徒がいるため、教科、科目の欄にはできる限り余白を設けておくとよい。普通教科以外の専門教科の科目にも対応できる。

各教科・科目等の学習の記録

教科等	科目等	本校入学前（既修得）学習状況（観点別）	評定	修得単位数	令和△年度 学習状況（観点別）	評定	修得単位数	令和△年度 学習状況（観点別）	評定	修得単位数	令和△年度 学習状況（観点別）	評定	修得単位数	修得単位数の計	備考
国語	現代の国語	ABB	4	2										2	令和○年度
	言語文化							BBC	3	2				2	
	論理国語				BAB	4	2							2	
	文学国語				AAB	5	2							2	
	古典探究							CCC	2	4				4	
地理歴史	地理総合	AAA	5	2										2	令和○年度
	地理探究							AAB	5	3				3	
	歴史総合						2								高認
公民	公共	BBB	3	2										2	令和○年度
	政治・経済				BCB	3	2							2	
	倫理							BBA	4	2				2	
数学	数学Ⅰ				CCB	2	3							3	
	数学Ⅱ							CBB	3	4				4	
	数学A													2	
	数学B														
理科	科学と人間生活														
	物理基礎				BBB	3	2							2	
	化学基礎				ABB	4	2							2	
	生物基礎	BCC	2	2										2	令和○年度
	地学基礎	CCC	2	2										2	令和○年度
保健体育	体育	ABB	4	3	BAA	5	2	AAB	5	2				7	令和○年度
	保健	AAB	5	1	AAB	5	1							2	令和○年度
芸術	音楽Ⅰ							BBB	3	2				2	
外国語	英語コミュニケーションⅠ	BCB	3	3										3	令和○年度
	英語コミュニケーションⅡ				BBB	3	4							4	
	論理・表現Ⅰ							BAC	3	2				2	
	論理・表現Ⅱ														
家庭	家庭基礎	BBC	3	2										2	令和○年度
情報	情報Ⅰ	AAB	5	2										2	令和○年度
	マーケティング	BAA	4	2										2	令和○年度
	簿記会計Ⅰ	CBB	3	4										4	令和○年度
総合的な探究の時間										2			1	3	
小 計				27			26			22				75	
留 学															
合 計				27			26			22				75	

※「観点別学習状況」欄には、左から「知識・技能」「思考・判断・表現」「主体的に学習に取り組む態度」の評価を記入

179

通信制 様式2（総合所見及び指導上参考となる諸事項）記入例

総 合 所 見 及 び 指 導 上 参 考 と な る 諸 事 項		
令和○年度	・前籍校での修得単位は、○○県立○○高等学校で修得したものである。（令和○年○月～令和○年○月　在籍） ・生徒会役員として、文化祭の企画、準備などで熱心に活動した。 ・スクーリングにほとんど欠かさず出席し、意欲的に学習に取り組んだ。	令和　年度
令和△年度	・各教科のレポートに計画的に取り組み、その成果は目を見張るものだった。文化祭準備に積極的に関わるとともに、学校説明会では在校生代表スピーチを担当し、学校運営に貢献した。 ・今までの自分の体験を定通弁論大会で発表し、多くの人に感動を与えた。	令和　年度
令和　年度		令和　年度

第 **4** 章

生徒指導要録取り扱い上の留意点等

1. 証明書等の作成と取り扱い

　指導要録の取り扱いには、その作成から利用、保管等の全てが含まれる。指導要録の作成については、人権尊重やプライバシー保護の観点から、主な記載者である担任だけに限らず、関連する教員で構成される委員会や校長によって、記録内容の吟味・精選を行う必要がある。

　ここでは、指導要録に基づいて、進学・転学等の各種証明書を作成する際の留意すべき点や、指導要録の保管・管理上の留意事項を中心に説明する。

(1)　進学の場合

　文部科学省の通知で示される調査書作成の基本的な留意事項は、おおよそ以下の内容である。

> ①　高等学校生徒指導要録に基づいて、A4 判上質紙表裏 1 枚で作成する（ただし、令和 6 年度入試までは、枚数、様式の枠の大きさや文字の大きさは任意となっている）。
> ②　個人的主観にとらわれたり、特別の作為を加えたりすることのないようホームルーム担任等が記入し、各学校で組織した調査書作成に関する委員会の検討を経て、校長の責任において大学等に提出する。
> ③　記載責任者職氏名は明記して押印する。

　『令和 3 年度大学入学者選抜実施要項』の発出で示された調査書の変更点のポイントは「指導上参考となる諸事項」が 6 分割され、生徒の活動が細かく記載できることと、調査書の枚数制限がなくなったことである。

　しかし、令和 3 年（2021 年）7 月 30 日に発出された『令和 7 年度見直し予告（通知）』では、令和 7 年度の大学入試から調査書は表裏 1 枚の様式に戻り、「指導上参考となる諸事項」は指導要録に合わせた形になることが示されている。いずれにしても、2018 年版学習指導要領に基づき生徒の諸活動の情報を、学力の 3 要素（知識・技能、思考力・判断力・表現力、主体性をもっ

て多様な人々と協働して学ぶ態度）がどのような場面で発揮できたかの観点から収集し、簡潔にまとめておくことが重要である。

次に挙げるのが2018年版学習指導要領の該当者の調査書の記載項目である。

ア　生徒の氏名、性別、生年月日及び現住所

イ　学校名、課程名及び学科名

ウ　入学（又は転編入）年月

エ　卒業年月

オ　各教科・科目等の学習の記録

カ　各教科の学習成績の状況及び全体の学習成績の状況

キ　学習成績概評及び成績段階別人数

ク　総合的な探究の時間の記録（学習活動・観点・評価）

ケ　特別活動の記録

コ　指導上参考となる諸事項

サ　備考

シ　出欠の記録

大学・短期大学が個別に合意した場合は、別紙様式１に記載すべき事項を全て電磁的に記録した調査書（以下「電磁的記録による調査書」と表記）を提出する。記載責任者と公印は押さなければならない。

留意点

(2)　就職の場合

平成18年（2006年）３月の新規高等学校卒業者から、生徒の就職に係る応募書類は「全国高等学校統一応募書類」の調査書と履歴書が適用されている。

就職者用調査書の記載も進学者用調査書同様、指導要録に基づいて作成する。また、その内容は2018年版学習指導要領の趣旨を汲み取った記述とする。

就職者用調査書の記載項目を以下に挙げる。

ア　生徒の氏名、性別、生年月日及び現住所

イ　学校名、課程名及び学科名

ウ　入学（又は転編入）年月

エ　卒業年月

オ　学習の記録

カ　総合的な探究の時間・留学の修得単位数

キ　特別活動の記録

ク　出席状況

ケ　身体状況

コ　本人の長所・推薦事由等

　進学者用調査書と異なることは以下の３点である。

①「特別活動の記録」の項目

　特別活動とは、ホームルーム活動・生徒会活動・学校行事を指し、その生徒の活動記録を記載するものである。一方で、就職者用応募書類には、進学者用調査書の「指導上参考となる諸事項」の記載がない。したがって、この欄に生徒の資格取得・検定等、その他必要と思われる事項を記入する。さらに、特別活動の記録の欄は、全学年で一つにまとめられて大きくないので、指導要録に基づいて端的な記載が求められる。

②「身体状況」の項目

　これは進学者用調査書にはない項目である。最新の「高等学校用生徒健康診断票」の記録に基づいて、生徒の不利にならないよう、養護教諭や進路部と確認して記載する。学校内の健康診断が未受診の場合は、書類作成時までに保健所等で受診しなければならない。

③「本人の長所・推薦事由等」

　この部分は、平素の生徒の活動を多面的に収集し、希望業種に対する本人の意欲や適性も考慮して主に担任が記載する。その際、生徒が書く履歴書の

志望理由と齟齬が生じないようにする。

　なお、電磁的記録の場合でも、調査書は打ち出して記載責任者の印と公印は必ず押し、履歴書と共に同封する。生徒が不採用だった場合は、個人情報保護の観点で企業から書類が返却されることを確認しておく。

　また、調査書の提出が求められるのは新規高卒者の採用枠の生徒である。既卒者で就職を希望する者は、次年度の6月30日まで、新規高卒者用の求人票に応募が可能となるので、地域のハローワーク等で確認しておきたい。

(3)　転学の場合

> 　校長は、生徒が転学した場合においては、その作成に係る当該生徒の指導要録の写しを作成し、その写し（転学してきた生徒については転学により送付を受けた指導要録の写しを含む。）及び前項の抄本又は写しを転学先の校長に送付しなければならない。
>
> 　　　　　　　　　　　　　　（学校教育法施行規則第24条第3項を参照）

　転学とは「在学中の生徒が、同一種類の他の学校の相当する学年に移ること」である。同一種類の学校とは「小学校は小学校へ」「中学校は中学校へ」「高等学校は高等学校へ」のことで、そのなかの国・公・私別、課程別は問わない。課程や学科が違っても同一校であれば、転学ではない。例えば都立A高校全日制普通科の生徒が以下のような進路変更をしたときが転学である。

> 　都立B高校の通信制に移る／都立C工業高校に移る／県立D高校に移る／私立E高校に移る／外国のハイスクールに移る

　校長は、転学を希望した生徒について、転学先の学校から受け入れの通知があり次第、直ちに指導要録の写しを作成し、中学校から送付されてきてい

留意点

た抄本又は写しと共に転学先の校長に送付しなければならない。

　「出欠の記録」や「学習成績の記録」は、転学が決定した日までのものを記入することになる。学習成績は、事由発生時までのその生徒の履修している各教科・科目ごとに、その成績を評価して記載する。また、最も近い学年末の成績を用いることもできる。

　学年途中で転学になり5段階で表せない場合は、「指導に関する記録（様式2）」の「総合所見及び指導上参考となる諸事項」の欄に、「評定欄の記録は〇月〇日現在第〇学期末までの成績で10段階表示による」などと明記する。このように処理し指導要録の写しを作成して転学先に送る。

　その生徒が他の学校から転入学してきた生徒であれば、転学してくる前に在学していた学校から送付を受けた写しも、併せて送付する。結局学校に残るのは、在学期間中のことが記録された指導要録の原本だけになる。

　なお、転学には生徒の様々な学習状況や家庭の背景がある。特に、配偶者からの暴力被害者と同居する生徒情報が、指導要録の記述を通じて配偶者（加害者）に伝わることがないよう、送付する転学先と十分に連絡を取り合って配慮しなければならない。

　詳細は平成21年7月13日付21生参学7号「配偶者からの暴力の被害者の子供の就学について」を参照の上、各地方公共団体の個人情報保護条例等に則り、配偶者暴力支援センターや児童相談所との連携を図って厳重に管理することが求められる。

（4） 転入学の場合

　　校長は、生徒が転学してきた場合においては、当該生徒が転入学した旨及びその期日を、速やかに、前に在学していた学校の校長に連絡し、当該生徒の指導要録の写しの送付を受けること。
　　なお、この場合、校長は、新たに当該生徒の指導要録を作成すべきであって、送付を受けた写しに連続して記入してはならないこと。

　転学と転入学とは対になっている。すなわち転学先の学校にとって転学してきた生徒は、転入学生になる。転入を許可したら、その日付をその生徒の前籍校に連絡し、指導要録の写しの送付を求める。送られた写しの転学の日付が、転入学の日付と連続することを確認して、新しい指導要録を作成する。なお、前籍校から送付を受けた写しには、連続して記入してはならない。転学先の学校と前の学校とでは、様式、教育課程、評価方法等が異なることが考えられ、機械的に両者を同一の表に記入すると、記述内容の不正確さにつながりかねないからである。

　新たに作成された指導要録は、送付されてきた写しと重ねて綴じ込み、指導上の資料とする。

　なお、他校から転学してきた生徒の指導要録には、転入学年月日、転入学年、前に在学していた学校名、所在地、課程の種類、学科名等を記入する。また、単位制による課程の場合においては、当該生徒に係る校長が定めた在学すべき期間を記入する。

留意点

（5）　学校統合・学校新設等の場合

> 　学校名及び所在地の変更として取り扱うか、転学及び転入学に準
> じて扱うかは実情に応じて処理すること。

　居住地の人口の変化、通学区の再編、市町村合併など様々な事情で、学校
の統合・新設等が起こりうる。このような場合に、一律にどうするかを決め
ることは困難なので、その実情に応じて取り扱うということである。具体的
には、高校を設置する都道府県や市町村の教育委員会が決定することになる。

> 　学校が廃止されたときは、公立学校の場合は当該学校を設置して
> いた教育委員会が、また私立学校の場合は当該学校の所在していた
> 都道府県の知事が、生徒指導要録を保存しなければならない（学校
> 教育法施行令第31条参照）。

（6）　退学の場合

> 　校長は、生徒が外国の学校に入るために退学した場合においては、
> 当該学校が文部科学大臣認定の在外教育施設であるときにあっては、
> 進学及び転学に準じて抄本又は写しを送付するものとし、それ以外
> の学校等にあっては、求めに応じて適切に対応すること。

　退学を認め、また、命じた日付・事由を、学籍の記録に記入する。その時
点での教科・科目の学習、特別活動、指導上参考となる諸事項等の記入を済
ませ、担任印と公印を押し、転・退学者分として別に綴じる。

外国の学校でも、文部科学大臣認定の在外教育施設高等部は、日本の高等学校の課程と同等の課程であり、卒業後は日本の大学入学資格が得られることから、指導要録の抄本または写しを送付する。

　なお、生徒が児童自立支援施設又は少年院に入院した場合においては、転学に準じて指導要録の抄本または写しを送付して該当施設での教育に資するものとする。

　上記の「それ以外の学校」とは、専門学校や各種専修学校等を含んでいる。これらの学校において、入学後の指導に役立てるために、前の学校における学習の状況等について、必要な資料を求めてくることがある。校長としては、個人情報の保護観点を踏まえ、適切な対応をとらなければならないが、法令上の義務としてではなく、教育上意義があるか否かを十分考慮して決定する。

（7）　編入学の場合

　校長は、生徒が編入学した場合においては、編入学年月日以後の指導要録を作成すること。その際、できれば、外国にある学校などにおける履修状況の証明書や指導に関する記録の写しの送付を受けること。

　編入学は、転入学と違い、その時点で高等学校に在籍していなかった志願者を、審査の結果入学させることである。

　その条件として「第1学年の途中又は第2学年以上に入学を許可される者は、相当年齢に達し、当該学年に在学する者と同等以上の学力があると認められた者とする（学校教育法施行規則第91条参照）」。

　高校を途中でやめた生徒で、学び直しのために編入学する生徒だけでなく、国際化の影響で、外国の学校から編入してくる生徒も増加している（学校教育法施行規則第91条参照）。以前に在学したことのある場合は、その高校、

外国の教育機関、そのほかの学校からの成績などを証明する書類の送付を受け、編入後の指導に役立てるのが望ましい。それらは、その学校で作成した原本と併せて綴っておくようにする。また、指導要録に生徒が編入学した年月日、学年等を記入する。

単位制による課程の場合は、当該生徒が係る校長が定めた在学すべき期間を記入する。

生徒が児童自立支援施設又は少年院から移った場合には、その長が発行した証明書及び指導要録に準ずる記録の抄本又は写しの送付を受け、移った以降の指導要録を作成する。

(8) 転籍の場合

> 同じ高等学校において異なる課程に転籍した生徒については、転籍した日以降の指導要録を作成すること。

転籍とは、同一の高等学校のなかで、全日制の課程、定時制の課程、通信制の課程の相互の間で異動することをいう。基本的には、転学と同様で、転籍した日以後の指導要録を新たに作成し、転籍する前の課程での指導要録の写しと併せて綴っておくのが適当であろう。同一学校における転科の場合もこれに準ずる。

(9) 保存期間

> ① 学校においては、指導要録については当該生徒の卒業又は転学した日以後、転入学の際送付を受けた写しについては当該生徒の卒業の日以後、学籍に関する記録については 20 年間、指導に関する記

録については 5 年間保存すること（学校教育法施行規則 第 28 条 第 2 項参照）。

② 中学校から送付を受けた抄本又は写しは、生徒の当該学校に在学する期間保管すること。

③ 退学の場合、当該生徒の指導要録及び転入学の際送付を受けた写しは、校長が退学を認め又は命じた日以後、学籍に関する記録については 20 年間、指導に関する記録については 5 年間保存すること。

　平成 5 年度入学生まで、20 年間保存だった指導要録が、平成 6 年度入学生からは、学籍に関する記録の部分と、指導に関する記録の部分の 2 つに分けられ、前者の保存期間は 20 年間、後者は 5 年間と改定された。プライバシーの保護の観点を考慮しての措置であった。

　保存期間経過後の取り扱いについては、法制上特に定めはないが、保存の義務がなくなるので、破棄する等適切な処置をとることが望ましい。

　しかし、小・中学校とは違い、高等学校では卒業後 5 年以上経過した後、上級学校への進学を希望する場合も考えられ、そのため指導に関する記録が一部必要とされる場合も想定される。そこで文部科学省は上記の通達のなかに、同時に次のような文言を加えている。

　　生徒の進路の状況等に配慮しつつ、プライバシー保護の観点から適切な時期に破棄する等の措置が取られることが望ましい。

　指導要録は、その基本的性格から、矛盾した二面性をもつ。指導に役立てるためには、常に担当者が見たり書いたりして活用することが望ましい。しかし、生徒に対する最も大切な公簿として、完全な管理が要求される面もある。そこで、指導要録の管理に関わる担当者は、円滑な管理と運営のために、以下のことを心がけておかなければならない。

留意点

《保管上の注意等》

①鍵のかかる金庫に保管する。

②持ち出しは校内に限り、日時と氏名を記録簿等に記入して、その日のうちに返却する。

③点検は、教務や学年が担当し、年度当初や学年末に期間を限定して、責任をもって期間内に処理するように努める。

④電磁的記録に保存する際には、PDF ファイルに変換する。その際、点検記録簿を作成し、従事した教職員や管理職による点検チェックを行う。

⑤生徒台帳、転退学者リスト、転編入者リストとの照合を行い、保存するフォルダの格納状況についても確認する。

⑥データ移行に際しては、十分な余裕をもって取り組む。

⑦今後の統合型校務支援システムの導入による校内データの一元化にむけて、各自治体からの指導助言に留意する。

2. 各種通知等との関連

（1） 外部への証明

　前項で詳述したように、在学中の在籍証明や単位取得証明、及び進学や就職の応募書類として提出する調査書等は、指導要録に基づいて作成される。しかし、ここでは指導要録を用いない例外があることを付記する。

　例えば、進学者用調査書については『令和3年度大学入学者選抜実施要項』には以下の記述がある。

・全ての高等学校卒業者（または退学者）において、指導要録の保存期間が経過した入学、卒業の学籍に関する記録（教科・科目の修得単位数の記録を含む。）については卒業後20年、指導に関する記録については卒業後5年。）が経過したものについては、原則として調査書にその記載は不要である。
・上記の場合及び廃校・被災等の事情で調査書が得られない場合は、卒業証明書や成績通信簿等の代替を講じることとする。
・高等専門学校第3学年修了者及び修了見込みの者の調査書は、別紙様式1の調査書に準じて作成し提出する。
・外国において学校教育における12年の課程を修了した者や、高等学校卒業程度認定試験合格者は、当該試験等の成績証明書を調査書に代替する。

　外部への証明の際には、証明の趣旨等を確認した上で、必要最小限の事項を記載するよう留意する。特にプライバシー保護の観点から慎重な取り扱いを心がける。

（2） 保護者、その他外部からの問合せ

　就職や結婚の際、又はそれ以外でも、指導要録を見たいという問い合わせ

留意点

を受けることがある。本来、指導要録は、その生徒の指導に関わらない部外者に対して見せることはできない。保護者といえども手続きを経ない場合は見せることはできないが、内容を紹介することで教育的な指導効果が高まると考えられる記載事項がある場合は、その内容を十分に説明する必要がある。その前提として、日頃から生徒及び保護者等との信頼関係を築いておくことである。

　なお指導要録の開示については、各都道府県の「個人情報の保護に関する条例」等に基づいて対応する。具体的な開示の扱いについては、開示請求のあった個別の状況により判断されるものである。

　警察等の関係諸機関から照会を受けた場合は、まず照会の目的を確認する。そして、校長が必要と認めた場合に限り、その照会事項を文書または口頭で回答することになる。ただし、回答は生徒の人権の尊重に十分留意し、教育的な配慮のもと、当該生徒の在籍関係に限るものとする。指導要録の写しを送付したり、来校した係員に閲覧させたりすることはできない。

(3)　成績通信簿との関連性

　成績通信簿（以下、「通知表」と表記）は、学校における指導の状況を報告することで、家庭に理解や協力を求めるねらいをもって作成されている。さらに、生徒の学ぶ意欲や、思考力・判断力・表現力等の能力の育成、及び個性の伸長に役立つよう、各学校の実情に応じて工夫・改善するものである。通知表と指導要録は本質的に異なるので、指導要録の様式や記載方法をそのまま転用することは必ずしも適当ではない。とはいえ、教師の勤務負担軽減に向けて、通知表の適切な簡素化と、指導要録との連動を図る統合型校務支援システムの導入が検討されるべきである。

（4）　電子化に向けての課題

　電磁的記録作成時には、個人情報保護法に定められた各教育機関の属性に
応じて遵守すべき個人情報保護法制や、学校設置者が定めた教育情報セキュ
リティポリシーに基づき、各校が点検・保管及び廃棄に関するフローチャー
ト等を作成し、それに従うものとする。

1. 通信制高校の増加

通信制高校は生徒数・校数共に増加し続けています。文部科学省の統計によれば、私立通信制高校は平成2年度からの30年間で、校数は17校から175校で10倍、生徒数は6.9万人から14.1万人と2倍以上の増加を示しています。増加している不登校生徒のケアに対応するほか、多様化する学びに対応して様々な形態の通信制高校が誕生しています。校数増加の背景には教育特区による規制緩和の影響が大きいと考えられます。在籍数日本一を謳う通信制高校や、全国高等学校野球選手権大会（甲子園大会）に出場する通信制高校も出現し、生徒の進路選択先として一般的になりつつあります。

2. 通信制高校の「教育の質」と「改革」

通信制高校には様々な学習形態が存在します。ラジオ放送やインターネット等のメディアを活用した授業を展開する学校のほか、サポート校と提携して報告課題（レポート）提出について手厚い指導を受けることができる学校などがあります。しかし、通信制高校は監督省庁による教育実態の把握が困難な面もあり、2015年にはある通信制高校で就学支援金の不正受給や、教員免許失効、杜撰な面接指導（スクーリング）と報告課題提出などによる不祥事が起こりました。

このような背景から、文部科学省は「広域通信制高校に関する集中改革プログラム」を策定し、教育の現状把握と質的向上に努めてきました。令和3年には「通信制高等学校の質の確保・向上に関する調査研究協力者会議」が開催され、通信制高校の教育方法や環境整備が検討されました。不登校生徒数はここ数年、過去最高を更新しており、非対面教育の必要性が再確認されています。生徒の学びを保障するため、通信制高校の環境整備と地位向上が望まれます。

資料

関係法令・条文

1．学校教育法

第11条

校長及び教員は、教育上必要があると認める
ときは、文部科学大臣の定めるところにより、
児童、生徒及び学生に懲戒を加えることができ
る。ただし、体罰を加えることはできない。

第21条

義務教育として行われる普通教育は、教育基
本法（平成十八年法律第百二十号）第5条第二
項に規定する目的を実現するため、次に掲げる
目標を達成するよう行われるものとする。

一　学校内外における社会的活動を促進し、
　　自主、自律及び協同の精神、規範意識、公
　　正な判断力並びに公共の精神に基づき主体
　　的に社会の形成に参画し、その発展に寄与
　　する態度を養うこと。

二　学校内外における自然体験活動を促進し、
　　生命及び自然を尊重する精神並びに環境の
　　保全に寄与する態度を養うこと。

三　我が国と郷土の現状と歴史について、正
　　しい理解に導き、伝統と文化を尊重し、そ
　　れらをはぐくんできた我が国と郷土を愛す
　　る態度を養うとともに、進んで外国の文化
　　の理解を通じて、他国を尊重し、国際社会
　　の平和と発展に寄与する態度を養うこと。

四　家族と家庭の役割、生活に必要な衣、食、
　　住、情報、産業その他の事項について基礎
　　的な理解と技能を養うこと。

五　読書に親しませ、生活に必要な国語を正
　　しく理解し、使用する基礎的な能力を養う
　　こと。

六　生活に必要な数量的な関係を正しく理解
　　し、処理する基礎的な能力を養うこと。

七　生活にかかわる自然現象について、観察
　　及び実験を通じて、科学的に理解し、処理
　　する基礎的な能力を養うこと。

八　健康、安全で幸福な生活のために必要な
　　習慣を養うとともに、運動を通じて体力を
　　養い、心身の調和的発達を図ること。

九　生活を明るく豊かにする音楽、美術、文
　　芸その他の芸術について基礎的な理解と技

能を養うこと。

十　職業についての基礎的な知識と技能、勤
　　労を重んずる態度及び個性に応じて将来の
　　進路を選択する能力を養うこと。

第29条

小学校は、心身の発達に応じて、義務教育と
して行われる普通教育のうち基礎的なものを施
すことを目的とする。

第30条

小学校における教育は、前条に規定する目的
を実現するために必要な程度において第21条各
号に掲げる目標を達成するよう行われるものと
する。

② 前項の場合においては、生涯にわたり学習
　する基盤が培われるよう、基礎的な知識及び
　技能を習得させるとともに、これらを活用し
　て課題を解決するために必要な思考力、判断
　力、表現力その他の能力をはぐくみ、主体的
　に学習に取り組む態度を養うことに、特に意
　を用いなければならない。

第55条

高等学校の定時制の課程又は通信制の課程に
在学する生徒が、技能教育のための施設で当該
施設の所在地の都道府県の教育委員会の指定す
るものにおいて教育を受けているときは、校長
は、文部科学大臣の定めるところにより、当該
施設における学習を当該高等学校における教科
の一部の履修とみなすことができる。

② 前項の施設の指定に関し必要な事項は、政
　令で、これを定める。

2．学校教育法施行規則

第24条

校長は、その学校に在学する児童等の指導要
録（学校教育法施行令第31条に規定する児童等
の学習及び健康の状況を記録した書類の原本を
いう。以下同じ。）を作成しなければならない。

② 校長は、児童等が進学した場合においては、
　その作成に係る当該児童等の指導要録の抄本
　又は写しを作成し、これを進学先の校長に送

付しなければならない。

③　校長は、児童等が転学した場合においては、その作成に係る当該児童等の指導要録の写しを作成し、その写し（転学してきた児童等については転学により送付を受けた指導要録（就学前の子どもに関する教育、保育等の総合的な提供の推進に関する法律施行令（平成二十六年政令第二百三号）第８条に規定する園児の学習及び健康の状況を記録した書類の原本を含む。）の写しを含む。）及び前項の抄本又は写しを転学先の校長、保育所の長又は認定こども園の長に送付しなければならない。

第26条

校長及び教員が児童等に懲戒を加えるに当つては、児童等の心身の発達に応ずる等教育上必要な配慮をしなければならない。

②　懲戒のうち、退学、停学及び訓告の処分は、校長（大学にあつては、学長の委任を受けた学部長を含む。）が行う。

③　前項の退学は、公立の小学校、中学校（学校教育法第71条の規定により高等学校における教育と一貫した教育を施すもの（以下「併設型中学校」という。）を除く。）、義務教育学校又は特別支援学校に在学する学齢児童又は学齢生徒を除き、次の各号のいずれかに該当する児童等に対して行うことができる。

一　性行不良で改善の見込がないと認められる者

二　学力劣等で成業の見込がないと認められる者

三　正当の理由がなくて出席常でない者

四　学校の秩序を乱し、その他学生又は生徒としての本分に反した者

④　第二項の停学は、学齢児童又は学齢生徒に対しては、行うことができない。

⑤　学長は、学生に対する第二項の退学、停学及び訓告の処分の手続を定めなければならない。

第28条

学校において備えなければならない表簿は、概ね次のとおりとする。

一　学校に関係のある法令

二　学則、日課表、教科用図書配当表、学校医執務記録簿、学校歯科医執務記録簿、学校薬剤師執務記録簿及び学校日誌

三　職員の名簿、履歴書、出勤簿並びに担任学級、担任の教科又は科目及び時間表

四　指導要録、その写し及び抄本並びに出席簿及び健康診断に関する表簿

五　入学者の選抜及び成績考査に関する表簿

六　資産原簿、出納簿及び経費の予算決算についての帳簿並びに図書機械器具、標本、模型等の教具の目録

七　往復文書処理簿

②　前項の表簿（第24条第二項の抄本又は写しを除く。）は、別に定めるもののほか、五年間保存しなければならない。ただし、指導要録及びその写しのうち入学、卒業等の学籍に関する記録については、その保存期間は、二十年間とする。

③　学校教育法施行令第31条の規定により指導要録及びその写しを保存しなければならない期間は、前項のこれらの書類の保存期間から当該学校においてこれらの書類を保存していた期間を控除した期間とする。

第54条

児童が心身の状況によつて履修することが困難な各教科は、その児童の心身の状況に適合するように課さなければならない。

第55条

小学校の教育課程に関し、その改善に資する研究を行うため特に必要があり、かつ、児童の教育上適切な配慮がなされていると文部科学大臣が認める場合においては、文部科学大臣が別に定めるところにより、第50条第一項、第51条（中学校連携型小学校にあつては第52条の三、第79条の九第二項に規定する中学校併設型小学校にあつては第79条の十二において準用する第79条の五第一項）又は第52条の規定によらないことができる。

第55条の二

文部科学大臣が、小学校において、当該小学

校又は当該小学校が設置されている地域の実態に照らし、より効果的な教育を実施するため、当該小学校又は当該地域の特色を生かした特別の教育課程を編成して教育を実施する必要があり、かつ、当該特別の教育課程について、教育基本法（平成十八年法律第百二十号）及び学校教育法第30条第一項の規定等に照らして適切であり、児童の教育上適切な配慮がなされているものとして文部科学大臣が定める基準を満たしていると認める場合においては、文部科学大臣が別に定めるところにより、第50条第一項、第51条（中学校連携型小学校にあつては第52条の三、第79条の九第二項に規定する中学校併設型小学校にあつては第79条の十二において準用する第79条の五第一項）又は第52条の規定の全部又は一部によらないことができる。

第56条

小学校において、学校生活への適応が困難であるため相当の期間小学校を欠席し引き続き欠席すると認められる児童を対象として、その実態に配慮した特別の教育課程を編成して教育を実施する必要があると文部科学大臣が認める場合においては、文部科学大臣が別に定めるところにより、第50条第一項、第51条（中学校連携型小学校にあつては第52条の三、第79条の九第二項に規定する中学校併設型小学校にあつては第79条の十二において準用する第79条の五第一項）又は第52条の規定によらないことができる。

第56条の二

小学校において、日本語に通じない児童のうち、当該児童の日本語を理解し、使用する能力に応じた特別の指導を行う必要があるものを教育する場合には、文部科学大臣が別に定めるところにより、第50条第一項、第51条（中学校連携型小学校にあつては第52条の三、第79条の九第二項に規定する中学校併設型小学校にあつては第79条の十二において準用する第79条の五第一項）及び第52条の規定にかかわらず、特別の教育課程によることができる。

第56条の三

前条の規定により特別の教育課程による場合においては、校長は、児童が設置者の定めるところにより他の小学校、義務教育学校の前期課程又は特別支援学校の小学部において受けた授業を、当該児童の在学する小学校において受けた当該特別の教育課程に係る授業とみなすことができる。

第56条の四

小学校において、学齢を経過した者のうち、その者の年齢、経験又は勤労の状況その他の実情に応じた特別の指導を行う必要があるものを夜間その他特別の時間において教育する場合には、文部科学大臣が別に定めるところにより、第50条第一項、第51条（中学校連携型小学校にあつては第52条の三、第79条の九第二項に規定する中学校併設型小学校にあつては第79条の十二において準用する第79条の五第一項）及び第52条の規定にかかわらず、特別の教育課程によることができる。

第56条の五

学校教育法第34条第二項に規定する教材（以下この条において「教科用図書代替教材」という。）は、同条第一項に規定する教科用図書（以下この条において「教科用図書」という。）の発行者が、その発行する教科用図書の内容の全部（電磁的記録に記録することに伴つて変更が必要となる内容を除く。）をそのまま記録した電磁的記録である教材とする。

2　学校教育法第34条第二項の規定による教科用図書代替教材の使用は、文部科学大臣が別に定める基準を満たすように行うものとする。

3　学校教育法第34条第三項に規定する文部科学大臣の定める事由は、次のとおりとする。

一　視覚障害、発達障害その他の障害

二　日本語に通じないこと

三　前二号に掲げる事由に準ずるもの

4　学校教育法第34条第三項の規定による教科用図書代替教材の使用は、文部科学大臣が別に定める基準を満たすように行うものとする。

第 83 条

高等学校の教育課程は、別表第三に定める各教科に属する科目、総合的な学習の時間及び特別活動によつて編成するものとする。

第 84 条

高等学校の教育課程については、この章に定めるもののほか、教育課程の基準として文部科学大臣が別に公示する高等学校学習指導要領によるものとする。

第 85 条

高等学校の教育課程に関し、その改善に資する研究を行うため特に必要があり、かつ、生徒の教育上適切な配慮がなされていると文部科学大臣が認める場合においては、文部科学大臣が別に定めるところにより、前二条の規定によらないことができる。

第 91 条

第一学年の途中又は第二学年以上に入学を許可される者は、相当年齢に達し、当該学年に在学する者と同等以上の学力があると認められた者とする。

第 93 条

校長は、教育上有益と認めるときは、生徒が外国の高等学校に留学することを許可することができる。

2　校長は、前項の規定により留学することを許可された生徒について、外国の高等学校における履修を高等学校における履修とみなし、36 単位を超えない範囲で単位の修得を認定することができる。

3　校長は、前項の規定により単位の修得を認定された生徒について、第 104 条第一項において準用する第 59 条又は第 104 条第二項に規定する学年の途中においても、各学年の課程の修了又は卒業を認めることができる。

第 94 条

生徒が、休学又は退学をしようとするときは、校長の許可を受けなければならない。

第 97 条

校長は、教育上有益と認めるときは、生徒が当該校長の定めるところにより他の高等学校又

は中等教育学校の後期課程において一部の科目の単位を修得したときは、当該修得した単位数を当該生徒の在学する高等学校が定めた全課程の修了を認めるに必要な単位数のうちに加えることができる。

2　前項の規定により、生徒が他の高等学校又は中等教育学校の後期課程において一部の科目の単位を修得する場合においては、当該他の高等学校又は中等教育学校の校長は、当該生徒について一部の科目の履修を許可することができる。

3　同一の高等学校に置かれている全日制の課程、定時制の課程及び通信制の課程相互の間の併修については、前二項の規定を準用する。

第 98 条

校長は、教育上有益と認めるときは、当該校長の定めるところにより、生徒が行う次に掲げる学修を当該生徒の在学する高等学校における科目の履修とみなし、当該科目の単位を与えることができる。

一　大学、高等専門学校又は専修学校の高等課程若しくは専門課程における学修その他の教育施設等における学修で文部科学大臣が別に定めるもの

二　知識及び技能に関する審査で文部科学大臣が別に定めるものに係る学修

三　ボランティア活動その他の継続的に行われる活動（当該生徒の在学する高等学校の教育活動として行われるものを除く。）に係る学修で文部科学大臣が別に定めるもの

第 99 条

第 97 条の規定に基づき加えることのできる単位数及び前条の規定に基づき与えることのできる単位数の合計数は 36 を超えないものとする。

第 100 条

校長は、教育上有益と認めるときは、当該校長の定めるところにより、生徒が行う次に掲げる学修（当該生徒が入学する前に行つたものを含む。）を当該生徒の在学する高等学校における科目の履修とみなし、当該科目の単位を与えることができる。

一　高等学校卒業程度認定試験規則（平成17年文部科学省令第一号）の定めるところにより合格点を得た試験科目（同令附則第2条の規定による廃止前の大学入学資格検定規程（昭和26年文部省令第十三号。以下「旧規程」という。）の定めるところにより合格点を得た受検科目を含む。）に係る学修

二　高等学校の別科における学修で第84条の規定に基づき文部科学大臣が公示する高等学校学習指導要領の定めるところに準じて修得した科目に係る学修

第104条

第43条から第49条まで（第46条を除く。）、第54条、第56条の五から第71条まで（第69条を除く。）及び第78条の二の規定は、高等学校に準用する。

2　前項の規定において準用する第59条の規定にかかわらず、修業年限が三年を超える定時制の課程を置く場合は、その最終の学年は、四月一日に始まり、九月三十日に終わるものとすることができる。

3　校長は、特別の必要があり、かつ、教育上支障がないときは、第一項において準用する第59条に規定する学年の途中においても、学期の区分に従い、入学（第91条に規定する入学を除く。）を許可並びに各学年の課程の修了及び卒業を認めることができる。

第140条

小学校、中学校、義務教育学校、高等学校又は中等教育学校において、次の各号のいずれかに該当する児童又は生徒（特別支援学級の児童及び生徒を除く。）のうち当該障害に応じた特別の指導を行う必要があるものを教育する場合には、文部科学大臣が別に定めるところにより、第50条第一項（第79条の六第一項において準用する場合を含む。）、第51条、第52条（第79条の六第一項において準用する場合を含む。）、第52条の三、第72条（第79条の六第二項及び第108条第一項において準用する場合を含む。）、第73条、第74条（第79条の六第二項及び第108条第一項において準用する場合を含

む。）、第74条の三、第76条、第79条の五（第79条の十二において準用する場合を含む。）、第83条及び第84条（第108条第二項において準用する場合を含む。）並びに第107条（第117条において準用する場合を含む。）の規定にかかわらず、特別の教育課程によることができる。

一　言語障害者
二　自閉症者
三　情緒障害者
四　弱視者
五　難聴者
六　学習障害者
七　注意欠陥多動性障害者
八　その他障害のある者で、この条の規定により特別の教育課程による教育を行うことが適当なもの

3. 学校教育法施行令

第31条

公立又は私立の学校（私立の大学及び高等専門学校を除く。）が廃止されたときは、市町村又は都道府県の設置する学校（大学を除く。）については当該学校を設置していた市町村又は都道府県の教育委員会が、市町村又は都道府県の設置する大学については当該大学を設置していた市町村又は都道府県の長が、公立大学法人の設置する学校については当該学校を設置していた公立大学法人の設立団体（地方独立行政法人法第6条第三項に規定する設立団体をいう。）の長が、私立の学校については当該学校の所在していた都道府県の知事が、文部科学省令で定めるところにより、それぞれ当該学校に在学し、又はこれを卒業した者の学習及び健康の状況を記録した書類を保存しなければならない。

4. 高等学校通信教育規程

第12条

実施校の校長は、当該実施校の通信制の課程の生徒が、当該校長の定めるところにより当該

高等学校の定時制の課程又は他の高等学校（中等教育学校の後期課程を含む。）の定時制の課程若しくは通信制の課程において一部の科目の単位を修得したときは、当該修得した単位数を当該実施校が定めた全課程の修了を認めるに必要な単位数のうちに加えることができる。

2　定時制の課程を置く高等学校の校長は、当該高等学校の定時制の課程の生徒が、当該校長の定めるところにより当該高等学校の通信制の課程又は他の高等学校（中等教育学校の後期課程を含む。）の通信制の課程において一部の科目の単位を修得したときは、当該修得した単位数を当該定時制の課程を置く高等学校が定めた全課程の修了を認めるに必要な単位数のうちに加えることができる。

3　前二項の規定により、高等学校の通信制の課程又は定時制の課程の生徒（以下「生徒」という。）が当該高等学校の定時制の課程若しくは通信制の課程又は他の高等学校（中等教育学校の後期課程を含む。以下この項において同じ。）の定時制の課程若しくは通信制の課程において一部の科目の単位を修得する場合においては、当該生徒が一部の科目の単位を修得しようとする課程を置く高等学校の校長は、当該生徒について一部の科目の履修を許可することができる。

4　第一項又は第二項の場合においては、学校教育法施行規則第97条の規定は適用しない。

5. 地方教育行政の組織及び運営に関する法律（地方教育行政法）

第21条

教育委員会は、当該地方公共団体が処理する教育に関する事務で、次に掲げるものを管理し、及び執行する。

一　教育委員会の所管に属する第30条に規定する学校その他の教育機関（以下「学校その他の教育機関」という。）の設置、管理及び廃止に関すること。

二　教育委員会の所管に属する学校その他の教育機関の用に供する財産（以下「教育財産」という。）の管理に関すること。

三　教育委員会及び教育委員会の所管に属する学校その他の教育機関の職員の任免その他の人事に関すること。

四　学齢生徒及び学齢児童の就学並びに生徒、児童及び幼児の入学、転学及び退学に関すること。

五　教育委員会の所管に属する学校の組織編制、教育課程、学習指導、生徒指導及び職業指導に関すること。

六　教科書その他の教材の取扱いに関すること。

七　校舎その他の施設及び教具その他の設備の整備に関すること。

八　校長、教員その他の教育関係職員の研修に関すること。

九　校長、教員その他の教育関係職員並びに生徒、児童及び幼児の保健、安全、厚生及び福利に関すること。

十　教育委員会の所管に属する学校その他の教育機関の環境衛生に関すること。

十一　学校給食に関すること。

十二　青少年教育、女性教育及び公民館の事業その他社会教育に関すること。

十三　スポーツに関すること。

十四　文化財の保護に関すること。

十五　ユネスコ活動に関すること。

十六　教育に関する法人に関すること。

十七　教育に係る調査及び基幹統計その他の統計に関すること。

十八　所掌事務に係る広報及び所掌事務に係る教育行政に関する相談に関すること。

十九　前各号に掲げるもののほか、当該地方公共団体の区域内における教育に関する事務に関すること。

第22条

地方公共団体の長は、大綱の策定に関する事務のほか、次に掲げる教育に関する事務を管理し、及び執行する。

一　大学に関すること。

二　幼保連携型認定こども園に関すること。

三　私立学校に関すること。

四　教育財産を取得し、及び処分すること。

五　教育委員会の所掌に係る事項に関する契約を結ぶこと。

六　前号に掲げるもののほか、教育委員会の所掌に係る事項に関する予算を執行すること。

第23条

前二条の規定にかかわらず、地方公共団体は、前条各号に掲げるもののほか、条例の定めるところにより、当該地方公共団体の長が、次の各号に掲げる教育に関する事務のいずれか又は全てを管理し、及び執行することとすることができる。

一　図書館、博物館、公民館その他の社会教育に関する教育機関のうち当該条例で定めるもの（以下「特定社会教育機関」という。）の設置、管理及び廃止に関すること（第21条第七号から第九号まで及び第十二号に掲げる事務のうち、特定社会教育機関のみに係るものを含む。）。

二　スポーツに関すること（学校における体育に関することを除く。）。

三　文化に関すること（次号に掲げるものを除く。）。

四　文化財の保護に関すること。

2　地方公共団体の議会は、前項の条例の制定又は改廃の議決をする前に、当該地方公共団体の教育委員会の意見を聴かなければならない。

6.　学校保健安全法

第13条

学校においては、毎学年定期に、児童生徒等（通信による教育を受ける学生を除く。）の健康診断を行わなければならない。

2　学校においては、必要があるときは、臨時に、児童生徒等の健康診断を行うものとする。

第19条

校長は、感染症にかかつており、かかつている疑いがあり、又はかかるおそれのある児童生徒等があるときは、政令で定めるところにより、出席を停止させることができる。

第20条

学校の設置者は、感染症の予防上必要があるときは、臨時に、学校の全部又は一部の休業を行うことができる。

7.　学校保健安全法施行規則

第18条

学校において予防すべき感染症の種類は、次のとおりとする。

一　第一種　エボラ出血熱、クリミア・コンゴ出血熱、痘そう、南米出血熱、ペスト、マールブルグ病、ラッサ熱、急性灰白髄炎、ジフテリア、重症急性呼吸器症候群（病原体がベータコロナウイルス属 SARS コロナウイルスであるものに限る。）、中東呼吸器症候群（病原体がベータコロナウイルス属 MERS コロナウイルスであるものに限る。）及び特定鳥インフルエンザ（感染症の予防及び感染症の患者に対する医療に関する法律（平成十年法律第百十四号）第6条第三項第六号に規定する特定鳥インフルエンザをいう。次号及び第19条第二号イにおいて同じ。）

二　第二種　インフルエンザ（特定鳥インフルエンザを除く。）、百日咳、麻しん、流行性耳下腺炎、風しん、水痘、咽頭結膜熱、結核及び髄膜炎菌性髄膜炎

三　第三種　コレラ、細菌性赤痢、腸管出血性大腸菌感染症、腸チフス、パラチフス、流行性角結膜炎、急性出血性結膜炎その他の感染症

2　感染症の予防及び感染症の患者に対する医療に関する法律第6条第七項から第九項までに規定する新型インフルエンザ等感染症、指定感染症及び新感染症は、前項の規定にかか

わらず、第一種の感染症とみなす。

第19条

令第 6 条第二項の出席停止の期間の基準は、前条の感染症の種類に従い、次のとおりとする。

一　第一種の感染症にかかつた者については、治癒するまで。

二　第二種の感染症（結核及び髄膜炎菌性髄膜炎を除く。）にかかつた者については、次の期間。ただし、病状により学校医その他の医師において感染のおそれがないと認めたときは、この限りでない。

　　イ　インフルエンザ（特定鳥インフルエンザ及び新型インフルエンザ等感染症を除く。）にあつては、発症した後五日を経過し、かつ、解熱した後二日（幼児にあつては、三日）を経過するまで。

　　ロ　百日咳にあつては、特有の咳が消失するまで又は五日間の適正な抗菌性物質製剤による治療が終了するまで。

　　ハ　麻しんにあつては、解熱した後三日を経過するまで。

　　ニ　流行性耳下腺炎にあつては、耳下腺、顎下腺又は舌下腺の腫脹が発現した後五日を経過し、かつ、全身状態が良好になるまで。

　　ホ　風しんにあつては、発しんが消失するまで。

　　ヘ　水痘にあつては、すべての発しんが痂皮化するまで。

　　ト　咽頭結膜熱にあつては、主要症状が消退した後二日を経過するまで。

三　結核、髄膜炎菌性髄膜炎及び第三種の感染症にかかつた者については、病状により学校医その他の医師において感染のおそれがないと認めるまで。

四　第一種若しくは第二種の感染症患者のある家に居住する者又はこれらの感染症にかかつている疑いがある者については、予防処置の施行の状況その他の事情により学校医その他の医師において感染のおそれがないと認めるまで。

五　第一種又は第二種の感染症が発生した地域から通学する者については、その発生状況により必要と認めたとき、学校医の意見を聞いて適当と認める期間。

六　第一種又は第二種の感染症の流行地を旅行した者については、その状況により必要と認めたとき、学校医の意見を聞いて適当と認める期間。

8. 感染症の予防及び感染症の患者に対する医療に関する法律

第19条

都道府県知事は、一類感染症のまん延を防止するため必要があると認めるとは、当該感染症の患者に対し特定感染症指定医療機関若しくは第一種感染症指定医療機関に入院し、又はその保護者に対し当該患者を入院させるべきことを勧告することができる。ただし、緊急その他やむを得ない理由があるときは、特定感染症指定医療機関若しくは第一種感染症指定医療機関以外の病院若しくは診療所であって当該都道府県知事が適当と認めるものに入院し、又は当該患者を入院させるべきことを勧告することができる。

2　都道府県知事は、前項の規定による勧告をする場合には、当該勧告に係る患者又はその保護者に対し適切な説明を行い、その理解を得るよう努めなければならない。

3　都道府県知事は、第一項の規定による勧告を受けた者が当該勧告に従わないときは、当該勧告に係る患者を特定感染症指定医療機関又は第一種感染症指定医療機関（同項ただし書の規定による勧告に従わないときは、特定感染症指定医療機関若しくは第一種感染症指定医療機関以外の病院又は診療所であって当該都道府県知事が適当と認めるもの）に入院させることができる。

4　第一項及び前項の規定に係る入院の期間は、七十二時間を超えてはならない。

5　都道府県知事は、緊急その他やむを得ない

理由があるときは、第一項又は第三項の規定により入院している患者を、当該患者が入院している病院又は診療所以外の病院又は診療所であって当該都道府県知事が適当と認めるものに入院させることができる。

6　第一項又は第三項の規定に係る入院の期間と前項の規定に係る入院の期間とを合算した期間は、七十二時間を超えてはならない。

7　都道府県知事は、第一項の規定による勧告又は第三項の規定による入院の措置をしたときは、遅滞なく、当該患者が入院している病院又は診療所の所在地を管轄する保健所について置かれた第24条第一項に規定する協議会に報告しなければならない。

第20条

都道府県知事は、一類感染症のまん延を防止するため必要があると認めるときは、当該感染症の患者であって前条の規定により入院しているものに対し十日以内の期間を定めて特定感染症指定医療機関若しくは第一種感染症指定医療機関に入院し、又はその保護者に対し当該入院に係る患者を入院させるべきことを勧告することができる。ただし、緊急その他やむを得ない理由があるときは、十日以内の期間を定めて、特定感染症指定医療機関若しくは第一種感染症指定医療機関以外の病院若しくは診療所であって当該都道府県知事が適当と認めるものに入院し、又は当該患者を入院させるべきことを勧告することができる。

2　都道府県知事は、前項の規定による勧告を受けた者が当該勧告に従わないときは、十日以内の期間を定めて、当該勧告に係る患者を特定感染症指定医療機関又は第一種感染症指定医療機関（同項ただし書の規定による勧告に従わないときは、特定感染症指定医療機関若しくは第一種感染症指定医療機関以外の病院又は診療所であって当該都道府県知事が適当と認めるもの）に入院させることができる。

3　都道府県知事は、緊急その他やむを得ない理由があるときは、前二項の規定により入院している患者を、前二項の規定により入院し

たときから起算して十日以内の期間を定めて、当該患者が入院している病院又は診療所以外の病院又は診療所であって当該都道府県知事が適当と認めるものに入院させることができる。

4　都道府県知事は、前三項の規定に係る入院の期間の経過後、当該入院に係る患者について入院を継続する必要があると認めるときは、十日以内の期間を定めて、入院の期間を延長することができる。当該延長に係る入院の期間の経過後、これを更に延長しようとするときも、同様とする。

5　都道府県知事は、第一項の規定による勧告又は前項の規定による入院の期間を延長しようとするときは、あらかじめ、当該患者が入院している病院又は診療所の所在地を管轄する保健所について置かれた第24条第一項に規定する協議会の意見を聴かなければならない。

6　都道府県知事は、第一項の規定による勧告をしようとする場合には、当該患者又はその保護者に、適切な説明を行い、その理解を得るよう努めるとともに、都道府県知事が指定する職員に対して意見を述べる機会を与えなければならない。この場合においては、当該患者又はその保護者に対し、あらかじめ、意見を述べるべき日時、場所及びその勧告の原因となる事実を通知しなければならない。

7　前項の規定による通知を受けた当該患者又はその保護者は、代理人を出頭させ、かつ、自己に有利な証拠を提出することができる。

8　第六項の規定による意見を聴取した者は、聴取書を作成し、これを都道府県知事に提出しなければならない。

第26条

第19条から第23条まで、第24条の二及び前条の規定は、二類感染症の患者について準用する。この場合において、第19条第一項及び第三項並びに第20条第一項及び第二項中「特定感染症指定医療機関若しくは第一種感染症指定医療機関」とあるのは「特定感染症指定医療機関、第一種感染症指定医療機関若しくは第二種

感染症指定医療機関」と、第19条第三項及び第20条第二項中「特定感染症指定医療機関又は第一種感染症指定医療機関」とあるのは「特定感染症指定医療機関、第一種感染症指定医療機関又は第二種感染症指定医療機関」と、第21条中「移送しなければならない」とあるのは「移送することができる」と、第22条第一項及び第二項中「一類感染症の病原体を保有していないこと」とあるのは「二類感染症の病原体を保有していないこと又は当該感染症の症状が消失したこと」と、同条第四項中「一類感染症の病原体を保有しているかどうか」とあるのは「二類感染症の病原体を保有しているかどうか又は当該感染症の症状が消失したかどうか」と読み替えるほか、これらの規定に関し必要な技術的読替えは、政令で定める。

2　第19条から第23条まで、第24条の二及び前条の規定は、新型インフルエンザ等感染症の患者について準用する。この場合において、第19条第一項中「患者に」とあるのは「患者（新型インフルエンザ等感染症（病状の程度を勘案して厚生労働省令で定めるものに限る。）の患者にあっては、当該感染症の病状又は当該感染症にかかった場合の病状の程度が重篤化するおそれを勘案して厚生労働省令で定める者及び当該者以外の者であって第44条の三第二項の規定による協力の求めに応じないものに限る。）に」と、同項及び同条第三項並びに第二十条第一項及び第二項中「特定感染症指定医療機関若しくは第一種感染症指定医療機関」とあるのは「特定感染症指定医療機関、第一種感染症指定医療機関若しくは第二種感染症指定医療機関」と、第19条第三項及び第20条第二項中「特定感染症指定医療機関又は第一種感染症指定医療機関」とあるのは「特定感染症指定医療機関、第一種感染症指定医療機関又は第二種感染症指定医療機関」と、第21条中「移送しなければならない」とあるのは「移送することができる」と読み替えるほか、これらの規定に関し必要な技術的読替えは、政令で定める。

第26条の二

結核患者に対する前条第一項において読み替えて準用する第19条及び第20条の規定の適用については、第19条第七項中「当該患者が入院している病院又は診療所の所在地」とあるのは「当該患者の居住地」と、第20条第一項本文中「十日以内」とあるのは「三十日以内」と、同条第四項中「十日以内」とあるのは「十日以内（第一項本文の規定に係る入院にあっては、三十日以内）」と、同条第五項中「当該患者が入院している病院又は診療所の所在地」とあるのは「当該患者の居住地」とする。

第46条

都道府県知事は、新感染症のまん延を防止するため必要があると認めるときは、新感染症の所見がある者（新感染症（病状の程度を勘案して厚生労働省令で定めるものに限る。）の所見がある者にあっては、当該新感染症の病状又は当該新感染症にかかった場合の病状の程度が重篤化するおそれを勘案して厚生労働省令で定める者及び当該者以外の者であって第50条の二第二項の規定による協力の求めに応じないものに限る。）に対し十日以内の期間を定めて特定感染症指定医療機関に入院し、又はその保護者に対し当該新感染症の所見がある者を入院させるべきことを勧告することができる。ただし、緊急その他やむを得ない理由があるときは、特定感染症指定医療機関以外の病院であって当該都道府県知事が適当と認めるものに入院し、又は当該新感染症の所見がある者を入院させるべきことを勧告することができる。

2　都道府県知事は、前項の規定による勧告を受けた者が当該勧告に従わないときは、十日以内の期間を定めて、当該勧告に係る新感染症の所見がある者を特定感染症指定医療機関（同項ただし書の規定による勧告に従わないときは、特定感染症指定医療機関以外の病院であって当該都道府県知事が適当と認めるもの）に入院させることができる。

3　都道府県知事は、緊急その他やむを得ない理由があるときは、前二項の規定により入院

関係法令・条文

している新感染症の所見がある者を、前二項
の規定により入院したときから起算して十日
以内の期間を定めて、当該新感染症の所見が
ある者が入院している病院以外の病院であっ
て当該都道府県知事が適当と認めるものに入
院させることができる。

4　都道府県知事は、前三項の規定に係る入院
の期間の経過後、当該入院に係る新感染症の
所見がある者について入院を継続する必要が
あると認めるときは、十日以内の期間を定め
て入院の期間を延長することができる。当該
延長に係る入院の期間の経過後、これを更に
延長しようとするときも、同様とする。

5　都道府県知事は、第一項の規定による勧告
をしようとする場合には、当該新感染症の所
見がある者又はその保護者に、適切な説明を
行い、その理解を得るよう努めるとともに、
都道府県知事が指定する職員に対して意見を
述べる機会を与えなければならない。この場
合においては、当該新感染症の所見がある者
又はその保護者に対し、あらかじめ、意見を
述べるべき日時、場所及びその勧告の原因と
なる事実を通知しなければならない。

6　前項の規定による通知を受けた当該新感染
症の所見がある者又はその保護者は、代理人
を出頭させ、かつ、自己に有利な証拠を提出
することができる。

7　第五項の規定による意見を聴取した者は、
聴取書を作成し、これを都道府県知事に提出
しなければならない。

9. 電子署名及び認証業務に関する法律
第2条

この法律において「電子署名」とは、電磁的
記録（電子的方式、磁気的方式その他人の知覚
によっては認識することができない方式で作ら
れる記録であって、電子計算機による情報処理
の用に供されるものをいう。以下同じ。）に記録
することができる情報について行われる措置で
あって、次の要件のいずれにも該当するものを

いう。

一　当該情報が当該措置を行った者の作成に
係るものであることを示すためのものであ
ること。

二　当該情報について改変が行われていない
かどうかを確認することができるものであ
ること。

2　この法律において「認証業務」とは、自ら
が行う電子署名についてその業務を利用する
者（以下「利用者」という。）その他の者の
求めに応じ、当該利用者が電子署名を行った
ものであることを確認するために用いられる
事項が当該利用者に係るものであることを証
明する業務をいう。

3　この法律において「特定認証業務」とは、
電子署名のうち、その方式に応じて本人だけ
が行うことができるものとして主務省令で定
める基準に適合するものについて行われる認
証業務をいう。

ネガ・ポジ用語／文例用語集

1. ネガ・ポジ用語

　生徒の性格や行動の特徴などは、できる限り良い面を事実に基づき引き出して記載したい。同じ生徒でも視点によっては、短所（ネガティブな表現）にも長所（ポジティブな表現）にもなりうる。例えば「文化祭ではリーダーシップを発揮して……」等、具体的な行動場面と結びつけて個々の生徒の良さを表現できるとよい。文脈に応じて最適な表現を工夫しよう。

○明朗・活発

ネガティブな表現	ポジティブな表現
・うるさい ・騒がしい ・おしゃべり	・明るい　・活発な　・元気がいい　・活力ある ・明朗快活　・無邪気　・発想が豊か ・根が明るい　・友人の輪の中心に入るような人物 ・社交的　・頭の回転が速い　・はきはきしている ・リーダーシップがとれる　・場を盛り上げる
・軽はずみ ・落ち着きがない	・積極的　・行動的　・活発な　・物おじしない ・決断が早い　・考えるよりも体を動かすほうを好む ・こまめに動く　・労を惜しまない　・活動的 ・体を動かすのを厭わない　・フットワークが軽い
・お調子者 ・調子がいい ・調子にのりやすい	・のりがいい　・行動的　・雰囲気を明るくする ・陽気な　・立ち直りが早い　・前向きで協力的 ・何事にもよく気がつく　・何でもこなす ・気が利く　・何事にも意欲的　・愛想がよい ・人なつこい　・型にはまらぬ伸び伸びとした ・開放的な性格　・柔軟性がある ・他人の世話が好き　・不屈の闘志をもつ ・些細なことにこだわらない　・好奇心旺盛 ・ユーモアのセンスがある　・天真爛漫

・外面（そとづら）がいい	・協調的な　・社交的な　・誰とでも打ち解ける ・明るい　・溶け込みやすい　・人付き合いが上手
・強引な ・ずうずうしい	・積極的　・押しが強い　・堂々とした ・リーダーシップがある　・エネルギッシュな ・活力あふれる　・何事にも積極的　・頼りにされる ・率先して行動する　・自分でどんどん解決する ・世話好き　・行動的で決断力もある
・いたずら	・無邪気　・活動的で元気がいい　・こまめに動く ・労を惜しまない　・行動的
・短気である ・気性が激しい ・興奮しやすい	・元気が良く情熱的　・思い切りがいい　・一生懸命 ・正義感が強い　・行動力がある　・決断が早い ・感受性豊か　・情熱的な　・人情がある ・思いやりのある　・敏感な
・目立ちたがる ・自信過剰	・しっかり者　・自分をもった　・自己表現が活発な ・信念がある　・自信に満ちた　・自分に自信がある ・自己主張できる　・堂々としている ・自立心がある　・常に率先して行動する ・物おじしない　・目の前にあるものに精力を傾ける ・何事にも積極果敢に突き進んでいく ・行動によって存在を示すタイプ
・計画性がない ・よく考えない ・気まぐれ ・責任感がない	・発想が豊か　・アイデアマン　・応用力のある ・型にはまらない　・のびのびとした　・自由人 ・気が向けば一気にやり通す　・根が明るく行動的 ・行動的な　・物おじせずに立ち向かう ・開放的な性格　・好奇心旺盛で活力にあふれる ・無邪気な　・こだわりがない　・悠々自適

○おとなしい・消極的

ネガティブな表現	ポジティブな表現
・おとなしい ・消極的 ・地味な	・もの静か　・落ち着いている　・動じない ・慎重　・冷静　・繊細な　・節度ある ・控えめ　・自分の世界をもっている ・堅実な　・謙虚　・芯が強い　・情緒が安定 ・思慮深い　・周囲に流されずこつこつ取り組む ・素朴　・朴訥　・周囲をよく観察している ・縁の下の力持ち　・秘めた情熱をもっている ・その底に芯をもっている　・穏やかな ・派手さはないが陰日向なく　・平和主義
・無口な	・穏やかな　・話をよく聞く　・聞き上手 ・黙々とこなす　・考え深い　・地道に取り組む ・多弁ではなく内省的　・ひかえめな　・落ち着いた ・口数が多いほうではなく、おっとりしている
・独りぼっち	・ひかえめな　・おっとりしている　・自立した ・物事に動じない　・冷静　・独立心がある
・引っ込み思案 ・人付き合いが下手	・慎重かつ丁寧　・思慮深い　・芯が強い ・静かな雰囲気を持っている ・心の世界を大切にする　・細やかな心をもつ ・打ち解けた仲間に対してはたいへん誠実で優しい
・優柔不断 ・臆病	・真剣に物事を考える　・慎重に行動する　・綿密 ・用心深い　・きちんとしている　・洞察力に優れる ・状況に応じた行動をとる　・広い視野がある ・他の意見を尊重する　・着実 ・最良のことを常に考える

○温厚・穏やか

ネガティブな表現	ポジティブな表現
・お人好し	・人の気持ちを考える　・細かい気遣いができる ・気が利く　・人の面倒をみるのを苦にしない ・優しい　・周囲を惹きつける魅力的な人柄 ・他人に対して寛容　・溶け込みやすい ・気さくで人情味がある　・人当たりがいい ・物腰が柔らかい　・思いやりがある ・周囲への心配りを忘れない
・人に左右されやすい	・物わかりがよい　・環境に順応しやすい ・人を大切にする　・周囲の状況に気を配る ・柔軟性がある　・心配りができる　・細やかな ・素直な性格　・人の気持ちをくみ取るのが上手 ・実直で人の話を素直に聞く　・協調性がある
・断れない ・意見が言えない	・争いを好まない　・他人の意見を尊重する ・共感的な　・相手の立場を尊重する　・融和的 ・協調性がある　・協調性豊かな　・思慮深い ・寛大な　・人のために尽くす　・受容的な ・何でも素直に受け入れる
・いい加減 ・考えが浅い	・おおらか　・クヨクヨしない　・こだわらない ・大陸的な人柄　・寛大　・楽天的　・率直な ・無邪気　・些細なことにこだわらない ・悠々自適　・発想力が豊か
・気が散りやすい ・集中できない	・いろいろなことに興味をもつ　・好奇心旺盛 ・環境になじみやすい　・視野が広い　・従順 ・気が回る　・何でもできそうな

○まじめ

ネガティブな表現	ポジティブな表現
・かたい ・きびしい	・律儀　・礼儀正しい　・礼節をわきまえている ・実直　・自分をもっている　・まじめで努力家 ・誠実　・努力を怠らない　・まっすぐな心のもち主 ・謙虚　・行動は模範的である　・裏表のない性格 ・潔い　・目上の人間に対する礼儀を心得ている ・模範的　・常識的　・公正なものの見方ができる ・几帳面　・けじめをつけることができる ・責任感がある　・正義感がある　・義理堅い ・曲がったことが嫌い　・分別をわきまえている ・信頼がおける　・真剣で地道に取り組む
・勝ち気 ・えらそうな	・物知り　・堂々としている　・兄貴（姉御）肌 ・向上心がある　・一生懸命　・努力を怠らない ・頑張り屋　・努力家　・何事にも意欲的 ・何事にも手を抜かない　・努力を惜しまない ・前向き　・負けず嫌い　・リーダーシップがある
・頑固	・意志の強い　・一貫性がある　・信念がある ・自分をもっている　・きまじめな ・曲がったことが嫌い　・易きに流れない ・何事にもしっかりと取り組む ・何事にも手を抜かない　・最後までやり通す
・凝り性	・粘り強い　・集中力がある　・確実にやり遂げる ・芯が強い　・納得がいくまで全力で取り組む ・徹底的に取り組む　・自分の限界に挑戦している ・目標を定めて自分自身を高めてゆく ・忍耐強い性格　・決心したことは粘り強く取り組む

○マイペース

ネガティブな表現	ポジティブな表現
・のんびりした ・空気が読めない	・自分らしさをもっている　・自ら考えて行動する ・自分の世界をもっている　・周囲に流されない ・細かいことにこだわらない　・何事にも動じない ・興味をもったことには努力することができる ・好きなことには集中する　・集中力が高い ・いつも悠然と構えている ・地道に取り組む　・個性的で感性が鋭い ・目標達成に向け努力する　・信念がある ・頑張りと情熱を秘めている ・周囲に左右されず、自分の意思を貫く ・芯が強く独創性がある ・自分のペースで取り組む　・おおらかである ・マイペース　・何事も長く続け、成果を出している ・冷静　・こつこつと築き上げるタイプである
・ぐずぐずしている ・物おじする	・着実　・綿密　・何事も念入りに行う ・用心深い　・納得がいくまで取り組む ・石橋をたたいて渡る性格である ・物事の筋道を考えて判断をすることができる
・心配性	・慎重　・神経が細やか　・人に気が配れる　・綿密 ・繊細　・細かいところによく気づく　・気が利く ・思慮深い　・用心深い
・独りよがり ・こだわりが強い	・しっかり者　・物おじしない　・自主性がある ・くじけない　・自分の考えをもった　・自信がある ・一貫性がある　・自分に厳しい ・最後まで手を抜かず、やり遂げる責任感がある

2．文例用語

①学習面

〈学習全体〉

・応用可能な実力を身につけ、その成果が顕著に表れている

・粘り強く意欲的に学び、確かな実績を残している

・苦手科目は自主勉強を続けてより努力を重ねた

・進路希望が明確になり、授業に対する姿勢がより前向きになった

・学業に対する姿勢も良好で、向上心が強いため成績も優秀である

・何事にも努力を惜しまず、学業成績は着実に向上した

・それぞれの科目に成果が表れ周囲から一目置かれるようになった

・出席状況が改善することで、併せて成績も次第に向上した

・英語は苦手科目であったが1年より2年、2年より3年と伸びている

・好き嫌いはあっても自分をコントロールして決して手は抜かない

・計画的に学習に取り組み、全ての分野に満遍なく力を注いだ

・友人と競い合いながら、どの科目も前向きに精一杯取り組む

・途中で投げ出すことなく繰り返し取り組むことで得意科目となる

・自分なりに思考・判断した取り組みで成果を出す

・基礎と基本をきちんと押さえて高い思考力・判断力につなげた

・着実に蓄えた力を活用して上手に表現できるようになった

・一度始めたら納得がいくまでやり続ける集中力がある

・時間管理を上手に行い、自学自習により優秀な成績を修めた

・周囲の声かけにより自らの課題に気づき、取り組むようになった

・オンライン授業を有効に活用し、意見交換などを通して理解を深めた

・休業中も自らの学習ペースで取り組み、基礎的な内容を定着させた

〈文系科目〉

・言葉の働きや使い方に着目して、その意味を探求できた

・自分の思いや考えを深めるための豊かな語彙をもつ

・歴史的事象の意味や意義を考え、考察したことを論理的に説明した

・政治、法、経済にかかわる多様な視点をもてるようになった

・地理学を通じて地域文化や現地研究などを深めたいと考えている

・語学に興味があり、その背景にある各国の社会・文化への関心も高い

・英語で表現し伝え合う力をもち、海外の生徒とも交流を深めた

〈理数系科目〉

・数学的な見方・考え方を働かせながら、考察する能力を養った

・日常の事象を数量や図形に注目して捉えられる

・論理的、総合的、発展的な思考力をもつ

・省エネ問題に対する科学的な関心をもち、自らも実践している

・目的をもって観察・実験を行い、その結果を分析し説明した

〈保健体育・芸術科目〉

・優れたコミュニケーション力と球技の技能は他種目に応用できる

・運動の楽しさと体力向上に果たす役割に強い関心をもっている

・優れたピアノ演奏技術で、常に授業をリードした

・繊細な色彩や筆遣いは多くの人の心を豊かにすることができた

・自らの食生活を振り返り健康や環境に配慮した在り方を理解した

・各自撮影した映像を編集し学校紹介のパワーポイントを作成した

〈専門科目〉

・建築設計や構造への関心が高く、丁寧で緻密な図形が描ける

・プログラミングやソフトウエア技術を獲得した

・環境に関する学習を通して科学的な見方と実践力を身につけた

〈総合的な探究の時間〉

・SDGs の意義を理解し、役所と連携してクリーン活動を行った

・ホストタウンと環境問題や互いの文化について意見交換を行った

・ペットの存在を通して、動物の終身飼育の責任と大切さを学んだ

・持続可能な社会を見通し、自立した生活に必要な事柄を検討した

・体験学習の振り返りを行い、まとめたり発表し合ったりした

文例用語

②特別活動

〈ホームルーム活動〉

・持ち前の前向きな積極的姿勢で、雰囲気の良いクラスづくりに貢献した

・周囲の意見を聞き取り、ホームルーム内の問題解決に大きく貢献した

・ふだんはあまり目立たないが、周囲にこまやかな気配りができる

・明るさと優しさをもって周囲の人に接し、良好な交友関係を築いた

・明朗・温厚な人柄ゆえ、まわりの生徒から愛されている

・控えめでおとなしいが、必要な場面では周囲と協力して活動する

・時間を要することがあるが、慎重に物事に取り組んだ

・仕事を任せておけば間違いないという信頼感がある

・情緒が安定し落ち着きがあり、集団の中心として友人から信望が厚い

・リーダーシップを発揮しながら、常に周囲への心配りを忘れない

・自分の役割をきちんと踏まえて、クラスのためによく尽くした

・クラスではサブリーダー的な存在である

・自分に与えられた仕事を誠実に果たす

・嫌な顔一つせずに奉仕の心で様々な業務をやってくれる好人物

・他者を思いやる心をもち、クラスの和を大切にする協力的な人物

〈生徒会活動〉

・委員会では全体の手足となり動き、委員の枠を越えて活動した

・読書が好きで３年間進んで図書委員を務め、本の魅力を皆に伝えた

・保健委員として、健康診断では養護教諭のサポートを行なった

・自身の経験を活かし後輩の育成に力を注ぐなど重要な役割を果たした

・美化委員として、トイレットペーパーやせっけん補充を地道に行った

・生徒会計として、生徒会費のヒヤリングを行い予算案を作成した

・委員会の内容をホームルームで連絡するなど、パイプ役を務めた

・大人の言葉に耳を傾けつつ、自ら考え主体的に判断し行動できる

〈学校行事〉

- ・計画的に取り組み、クラスを優勝に導く要の役割を果たした
- ・直前の準備では、声をかけ合いながら協力して取り組んだ
- ・目標に向かい周囲の生徒を叱咤激励し、同時に気配りも忘れない
- ・裏方の仕事にも積極的に取り組み、やり遂げる意志の強さがある
- ・脇役として皆を盛り立て、リーダーを補佐して援助を惜しまない
- ・それぞれの特性や互いの関わりを考慮して役割分担を行った
- ・準備段階で生じた問題を急遽話し合いの場を提案して解決した
- ・多様な意見を調整し、クラス成員の協働を牽引した
- ・必要な場面で、自分の意見を順序だてて表明できる
- ・文化祭の企画、立案や準備、調整に走り回った
- ・文化祭では自らのアイデアを提案するなど、精力的に行動した
- ・日頃から手先の器用さに高い評価があり、文化祭で装飾係を務めた
- ・自分の当番以外の時間帯にもクラスのために働き、貢献した
- ・校外学習では班員と協働して見学先を調べ、しおりを作成した
- ・校外学習で集合場所がわからない友人に的確な指示を行った
- ・修学旅行で民泊を経験し、沖縄の文化や地元の方と親交を深めた
- ・修学旅行で食事係として配膳を行うなど、皆のために尽くした
- ・体育祭では、応援団として競技の応援に全力を尽くした
- ・体育祭の大縄飛びでは、声をかけ合いながら練習に励んだ
- ・体育祭実行委員として、招集係として運営に寄与した
- ・球技大会ではルールに則り、的確に審判を行い評価された
- ・球技大会の競技中に転倒した生徒に、いち早く駆け寄り介抱した
- ・新入生歓迎会では、新入生を迎える温かい司会ぶりが好評だった
- ・合唱祭では周囲に気を配りながら、見事に指揮を行った
- ・与えられた仕事を全うし、卒業式受付に立候補するなど積極性もある
- ・ホームルーム合宿では、仲間作りに挑戦し次第に打ち解け、班員と協力して活動に参加し親睦を深めた

③その他

〈部活動〉

- 3年間部に所属し、精神的・技術的向上を目指してよく努力した
- 瞬時の判断に優れたキャッチャーとして顧問教師から評価された
- 演劇部に所属し、自分なりの目標をもって精力的に活動に取り組んだ
- マネージャーとして新たな練習方法を提案し、部員の活躍を支えた
- 友人と協力しながら活動に打ち込み、文化祭等の舞台を成功させた
- 部員を見事に組織し、サッカー部主将として熱心に活動した
- 仲間や後輩への指導が丁寧であったことから、信望を集めた
- 剣道部に3年間所属し、体力と精神力は人一倍強くなった
- 厳しい練習のなか、3年間頑張り抜いたことが大きく評価できる
- 少人数の部活動だが、部員同士を強い絆で結び協力体制を築いた
- 周囲の部員が次々と退部していくなか、3年間最後までやり遂げた
- 他の生徒よりも早く来て黙々と練習に励む姿は手本となった
- 初心者であったが、基礎練習に熱心に取り組み次第に力をつけた
- 自分のことだけではなく、部員みんなを思いやる配慮をみせた
- 休まず、遅れず、怠らず、3年間頑張った
- 競技を通して、強さと謙虚さ、目標に向け努力する姿勢を学んだ
- 部員同士で練習内容を検討することで確実に力を付けた
- 限られた練習時間の中、集中して取り組み技術を向上させた
- 地道な練習を重ね、初戦は勝てるほどの力を付けてきている
- ○○を目標に、互いに技術を高め合いながら練習に取り組んだ
- 作品についてのディスカッションを重ね、技術の向上を目指した
- 市民祭りへの参加など地域とのつながりも大切にして活動した
- 他の部活動からの転部ではあったが、初心に戻り活動に参加した
- 地域のスポーツ大会では、他校と交流して大いに刺激を受けた
- 部活動を通して、心身の健康管理や事故防止の重要性を学んだ

〈進路関係〉

・適性検査をきっかけに進路について真剣に考えるようになった

・進路別説明会では、熱心に聞き入り進路先をより具体的にした

・上級学校訪問では、事前に質問事項をまとめて積極的に質問した

・授業に触発され、プロミングを職業にも活かしたいと考えている

・以前から調理関係に関心を持ち、専門性の高い職人を目指している

・手先の器用さを活かして、技術専門校への進学を希望している

〈資格取得・表彰など〉

・事前学習会や模擬面接に意欲的に参加し、英検２級合格を目指した

・簿記実務検定試験に合格するなど、自己実現を果たした

・小学校の頃から地域の道場に通い、現在は柔道二段の腕前である

・所属するスイミングクラブの記録会で記録更新し入賞を果たした

・トランポリンの○○大会で第２位の成績をおさめた

〈ボランティア活動・校外の活動〉

・自治体の手話講習会中級を終了し、今後活用の機会を望んでいる

・保育園での体験実習に参加し、保育士を目指すきっかけとなった

・児童館に放課後出向き小学生と遊んだり学習指導を行ったりした

・志願して高齢者福祉施設で奉仕活動を行い、成果を得てきた

・課外活動として地域清掃ボランティアリーダーを務めた

・救急救命の講習を積極的に受講するなど、主体的な姿勢が評価できる

・宿泊防災訓練では、防災意識を高め自助と共助の精神を学んだ

・実行委員として参加した地域のお祭りで、他校の生徒と活動した

・早朝登校し、有志の生徒で学校周辺の清掃活動を行った

・和太鼓の集いで、年齢や立場の異なる方と協働し交流を深めた

・数年前から祖母に茶道を習い始め、日本文化にも親しむようになった

・地域のサッカーチームに所属し、小学生の指導にもあたっている

・エコキャップ運動を通し、世界の子どもたちにワクチンを届けた

・和装に興味をもち着付けを習い、留学生に浴衣の着付けを行った

文例用語

コラム 指導要録と大学入試の提出書類の関係

1. 調査書との密接な関係

　本文中にもあるように、令和7年度（2025年度）以降の大学入試に使う調査書は、改訂された指導要録に基づいて変更されました。

　主な点は、A4判表裏の両面1枚を使うこと。「総合的な探究の時間の記録」は指導要録と同様に「評価の観点」を定めた上で端的に記入すること。「特別活動の記録」も、やはり「評価の観点」を定めた上で○印で記入すること。「指導上参考となる諸事項」は、指導要録と同様に、要点を箇条書きするなど必要最小限にとどめること等です。

　つまり、指導要録が生徒の様々な活動や成長の状況を確実に把握して、的確な表現をもって作成されているかぎり、その記載事項は調査書の記入にも大いに活かすことができるわけです。電磁化の意味は、その点にもあるといえます。

2. 推薦書には、より具体性をもたせた記入を

　推薦書は、その生徒が志願する大学等の入学に十分値する人物であることを、客観的な根拠を示しつつ熱意をもって記載していく書類です。したがって、指導要録には「端的」に「箇条書き」で記した事項を、人物像も「学力の3要素」も含めてさらに具体的に記入していく必要があります。その際には、指導要録の「総合所見」「総合的な探究の時間の記録」などの各欄から事項を抽出しながら、組織的に収集してきた生徒情報や資料とともに再確認していく作業が必須です。

3. 志願者本人が記載する書類の記入指導にも活かす

　活動報告書や大学入学希望理由書等の記入事項と、調査書の記載事項とには整合性が求められます。生徒がそれらの書類を作成する際には、指導要録から該当部分を簡潔に抜き出したメモ等を、生徒に事前に示しておくというのも一つの指導方法です。

高等学校
調査書・推薦書
記入文例&指導例

活動報告書・大学入学希望理由書・学修計画書から就職者用履歴書まで

担任学研究会 編

新学習指導要領の趣旨に合わせた調査書・推薦書の書き方のポイントや記入文例、志願者本人の記載する資料等の指導例を豊富に掲載。
就職者用調査書・履歴書も記入例をリニューアル。

- A5判・256ページ
- 定価2,420円（本体2,200円）
- ISBN978-4-7619-2642-7

主な内容

Ｇ学事出版

執筆者一覧（五十音順）（◎は編著者。勤務先および肩書は執筆当時で掲載）

片岡　雅子	元東京都立農業高等学校
小西　悦子	東京外国語大学・玉川大学非常勤講師
小林　雅実	東京都立保谷高等学校
関口　武史	東京都立竹早高等学校
田村　基成	東海大学付属望星高等学校
中沢　辰夫	実践女子大学・東京未来大学非常勤講師
三好　健介	東京都立大泉高等学校
村上　　猛	東京都立光丘高等学校
村木　　晃	東京学芸大学・実践女子大学非常勤講師
八重樫麻里子	東京都立荻窪高等学校
矢田　俊輔	東京都立大泉高等学校
◎柳　久美子	東京都教育相談センター　元東京都立芦花高等学校長

＊本書の内容は2022年4月現在に執筆されたものです。
＊学習評価や生徒指導要録等の変更については、文部科学省のホームページ等で最新の情報を参照してください。
＊本書に掲載されている一部のテキストデータおよび書類のフォーマットがダウンロードできます。下記のコードを読み取り、学事出版のサイトにアクセスしてください。
＊本文及びダウンロードデータの著作権は担任学研究会にあります。このデータを許可なく商用に用いたり、第三者に譲渡したりすることは禁止します。

三訂版　高等学校生徒指導要録記入文例
令和4年度からの新学習指導要領に対応

2022年6月26日　初版第1刷
2024年9月21日　初版第4刷

著者　担任学研究会
発行者　鈴木宣昭
発行所　学事出版株式会社
〒101-0051　東京都千代田区神田神保町1-2-5 和栗ハトヤビル3F
電話　03-3518-9655（代表）
https://www.gakuji.co.jp

編集担当　戸田幸子　　編集協力　工藤陽子
装丁・目次レイアウト　亀井研二
組版　株式会社明昌堂　　印刷・製本　新日本印刷株式会社

ISBN978-4-7619-2848-3　C3037